U0362625

说壶

李昌鸿　杨静　李铭————编著

北京大学出版社
PEKING UNIVERSITY PRESS

图书在版编目（CIP）数据

说壶 / 李昌鸿，杨静，李铭编著 . — 北京：北京大学出版社，2024.6

ISBN 978-7-301-34939-7

I.①说 … II.①李 … ②杨 … ③李 … III.①紫砂陶—陶瓷茶具—收藏—中国
②紫砂陶—陶瓷茶具—选购—中国 IV.① G262.4 ② F768.9

中国国家版本馆 CIP 数据核字（2024）第 062732 号

书　　　名	说壶
	SHUO HU
著作责任者	李昌鸿　杨静　李铭　编著
责 任 编 辑	于海冰
标 准 书 号	ISBN 978-7-301-34939-7
出 版 发 行	北京大学出版社
地　　　址	北京市海淀区成府路 205 号　100871
网　　　址	http://www.pup.cn　新浪微博：@ 北京大学出版社 @ 阅读培文
电 子 邮 箱	编辑部 pkupw@ pup.cn　总编室 zpup@ pup.cn
电　　　话	邮购部 010-62752015　发行部 010-62750672　编辑部 010-62750883
印 刷 者	天津联城印刷有限公司
经 销 者	新华书店
	880 毫米 ×1230 毫米　16 开本　15.5 印张　236 千字
	2024 年 6 月第 1 版　2024 年 6 月第 1 次印刷
定　　　价	168.00 元（精装）

未经许可，不得以任何方式复制或抄袭本书之部分或全部内容。
版权所有，侵权必究
举报电话：010-62752024　电子邮箱：fd@pup.cn
图书如有印装质量问题，请与出版部联系，电话：010-62756370

目录

第四章　经典壶型 **101**

前言

　　紫砂壶作为中国陶文化与茶文化相结合的产物，将中国陶瓷之美发展到了极致。关于紫砂壶的起源，民间有许多美丽的传说。春秋时期，越国大夫范蠡辅佐越王勾践打败吴国后，谢绝了越王的封赏，带着美丽的西施来到江苏宜兴隐居。范蠡看到宜兴丁蜀山区附近的泥土黏性较强，十分耐烧，适于制陶，就发动当地百姓用黏土烧制陶器出售。宜兴的制陶业就这样开始了，百姓的生活也因此富裕起来。

　　随着宜兴制陶业越来越红火，范蠡把自己的姓氏也改成"陶"，因为紫砂大多是朱红色的，后人便称范蠡为"陶朱公"，他也被人们尊为商圣和财神。后来，在丁蜀镇还留下了蠡墅、蠡河和施荡桥等胜迹！这样看来，紫砂壶已经有两千多年的悠久历史了。

　　紫砂壶是一种典型的手工艺陶器，是中国陶瓷工艺中一颗璀璨的明珠，是具有高雅气质和浓厚文化传统的实用艺术品，鲜明地反映了中华民族日用陶器造型的审美意识。

　　紫砂壶从一开始就与文人雅士结下了不解之缘，开创了"字以壶传，壶以字贵"的文人壶时代。所以，紫砂艺术是由有文化的艺人和爱紫砂的文人共同创造的。紫砂壶的文化意味源远流长，成为紫砂壶的优良传统和鲜明特色。

　　紫砂壶蕴含的中华文化特性和精神标识是独一无二的。造型丰富多变，或精

美细巧，耐人寻味；或奔放大度，令人心旷神怡；加之镌刻于壶体表面寓意深远的题诗赋画，更增添了浓郁的书卷气。特别是将书法、篆刻、绘画集于一体，表现在手掌可握的一把方寸小壶之上，真可谓艺术结晶、咫尺之美。中国书法龙飞凤舞的线条组合，表现了特殊的韵律；中国绘画的精心布局与章法，反映了传统的哲学思想；中国篆刻的斑驳古拙，更显示了古韵悠然的美感。

如此丰富多彩的文化组合，引发的审美魅力和艺术感染力是难以形容的。紫砂造型艺术将这些中国文化的精髓统一在一起，构成了极其高雅的文化艺术气质。

紫砂壶更体现了中国文化的深刻内涵和美好寓意。紫砂壶造型朴实高雅，素面素心；肌理温润如玉，色泽古雅淳厚；紫而不姹，红而不嫣，黄而不娇，黑而不墨，符合中国传统文化的中和审美观。

紫砂壶基本上非圆即方，经过变化、变形则呈现出"方匪一式，圆不一相"的多彩世界。但无论哪种造型，都要求壶体圆润光洁，块面挺括规正，线条变化流畅。圆器讲究圆、稳、匀、正，追求柔中有刚、圆中有变、有骨有肉、骨肉停匀；方器则要求线面挺括，轮廓分明，以直线为主、曲线为辅，粗细适度，富于变化，口盖划一，刚中有柔，方中寓圆。这种刚柔互济的造型观念合乎中国传统文化的中庸之道，切合"正、清、和"的儒家文化，也符合"敬、清、雅、和"的茶道文化。

紫砂工艺归属民间工艺美术，融入了很多民俗文化元素，两者完美融合，体现了中国传统文化的意象之蕴、含蓄之美。紫砂壶上的铭文，虽只有短短几句、寥寥数语，但言简意赅，字字珠玑，是文人和艺人精心构撰的文学精品。有的充满生活情趣，有的富含人生哲理，表达了紫砂文化的哲理之思、文学之美。

现今人们掀起紫砂壶的收藏热潮，除了看重其泥料、工艺、款识、年代等因素，真正打动人心的还在于文化。紫砂壶集中国传统文化之大成，有专家在总结紫砂壶文化底蕴时，借鉴玉之"五德"，总结了紫砂文化的"五美"。

和之美：和为贵是中国传统文化核心的价值取向。融之美：融是中国传统文化博大与包容的体现。用之美：万物之美在用中得以充分体现，而紫砂壶靠使用以养生，以养中国人的浩然之气。奇之美：紫砂材质特殊，紫砂壶表现力强，将变化之美表现得奇中见奇。隐之美：隐士文化是中国传统文化的低调表现，由来已久；紫砂壶表面无釉色，不以浮华悦人，而藏温润光泽于泥内，只在不断使用中才会越来越美。这是一种含蓄、深沉的人生姿态。

为了宏扬中国传统文化，在有关专家的指导下，根据最新的紫砂研究资料，我们特别编撰了本书。主要内容包括紫砂的概述、器形、壶型、鉴赏、收藏等，同时配有精美插图，以期广大紫砂壶爱好者赏鉴与指正。

编者

说壶

　　紫砂陶器创始于何时，在我国陶瓷史上一直存在争议。近年来的考古发现，推断其历史应始于春秋时期，成熟于明清及民国，鼎盛繁荣于当代。

　　清代的宜兴陶业进入全盛阶段，紫砂壶工艺获得全面发展，特别是装饰艺术发展到巅峰。现代更是紫砂史上的繁荣时期，名家辈出，工艺及造型丰富多彩，为紫砂增添了无限魅力。

　　在千百年的薪火相传中，由于紫砂原料的独特性，紫砂壶造型艺术冠绝历代，独步千秋，成为无与伦比的陶中瑰宝，创造了丰富的紫砂文化。

第一章

紫砂历史

一 | 宋代紫砂壶

陶瓷业起源于新石器时代。紫砂陶瓷的创始，根据历史文献研究和古窑址的发掘，可以追溯到北宋中期，甚至有人提出唐代就已有紫砂壶，但目前尚未发现实物。宋代至明代可视为紫砂壶的萌芽阶段。

宋代文人在诗词中有称颂紫泥新品、紫砂罐的诗句，如欧阳修有诗云："喜共紫瓯吟且酌，羡君潇洒有余清。"紫瓯，即为紫砂制作的盏。梅晓臣有诗云："小石冷泉留早味，紫泥新品泛春华。"紫泥新品，极可能指的就是紫砂壶。诗句则道出当时人们已经用紫砂陶壶烹茶了。

这些资料至少能够证明，陶艺工人已经掌握紫砂泥料的加工成型技术，制成紫砂器具并开始使用了。宋代的紫砂器具，包括紫砂壶，作为日常实用器物，与大多数陶器一样，还停留在初创阶段，尚未升华到艺术性层次。

宋代刻荷叶紫砂壶

二 | 明代紫砂壶

进入明代，紫砂壶有了明确的史料可考，逐渐明朗化起来。这一时期，在历史上留下最早印记的紫砂制陶名手有二：一为制陶名匠金沙寺僧，一为紫砂壶鼻祖供春。

明代茶学、佛学、紫砂三界论家周高起在《阳羡茗壶系·创始篇》中说："金沙寺僧，久而逸其名矣。闻之陶家云，僧闲静有致，习与陶缸瓮者处，抟其细土，加以澄炼，捏筑为胎，规而圆之，刳使中空，踵搏口、柄、盖、的，附陶穴烧成，人遂传用。"金沙寺僧未曾留下法号、名讳。在一件直形圆壶上，壶嘴面的壶肩上刻有一"佛"字，壶对面刻有"金沙寺"三字，因而得名。

另一位名为供春者，是紫砂工艺史上首位把紫砂壶引入艺术殿堂的人，《阳羡茗壶系》列其为"正始"。有供春树瘿壶传世。供春的作品被赞为"栗色暗暗，如古金铁，敦庞周正，允称神明垂则矣"。

明代是紫砂茗壶的兴旺成熟期，名手辈出。在供春之后，有宜兴紫砂艺术的一代宗师时大彬，《宜兴瓷壶记》称其"前后诸名家并不能及，茗壶系作大家"。

时大彬创造了僧帽、菱花、六方、瓜棱等紫砂壶造型，对后世影响巨大。他不仅对壶艺有很高的造诣，培育后代同样业绩辉煌，门下有李仲芳、徐友泉，师徒三人并列"壶家妙手称三大"。在此期间，除时门外，还有邵盖、周后豀、邵二孙等名家。

明代时大彬制玉兰花六瓣壶   明代柿蒂纹提梁壶

明末清初，时门名弟子有欧正春、邵文金、邵文银、蒋伯荂、沈君盛等，还有追仿时大彬和私淑者李仲芳、徐友泉，也应列入时门派系的陈俊卿、闵鲁生、陈光甫、陈子畦等。

明天启年间以后，除时门外亦不乏名手，如陈和之、陈用卿、陈仲美、沈君用、沈子澈、陈鸣远、惠孟臣诸家。他们有"气格高古，韵致清绝"的，有"重锼叠刻，细极鬼工"的，也有"式极精雅，古雅浑朴"的，其中尤以陈鸣远最为突出，与供、时并称三大名匠。这一时期还有些能手，如项圣思、邵旭茂、陈绶馥等"技艺独绝，造工精细"，"书法亦工，有晋唐帖意"，给紫砂工艺增添了不少光彩。

明代是紫砂壶发展史上一个重要的时期，是紫砂壶走向成熟，并逐步脱离实用器皿，走上艺术化道路的时期。

明万历年间，紫砂壶多形体较大。虽未见传世之器，但从文献推定，自宋元至明，紫砂壶的容积在1000毫升以上；从供春的制陶术分析，"捏筑为胎""茶匙穴中""斫木为模""腹半尚现节奏"，这些都不是做小壶的方法。

时大彬初时仿供春，喜好做大壶，"后游娄东，闻陈眉公与琅琊太原诸公，品茶试茶之论，乃作小壶"。万历之后，壶型日渐缩小，从"盈尺兮丰隆"转向"径寸而平柢"一途。壶体变小，与士大夫饮茶趣味的改变有着直接的关系。

明代紫砂壶造型以筋纹器为主，制壶艺人将花瓣、瓜棱、菱花、云水等形体引入紫砂壶造型之中，把紫砂壶塑成花瓣式、瓜棱式等壶型，打破了茶壶造型单调的格局，令壶式灵活多样，增添了艺术意趣。

明代款紫砂壶

　　明代壶器风格上追求简洁，少有装饰。当时的紫砂壶整体比较协调，不加装饰，仅以筋纹线的变化及开光加强装饰效果，泥质颗粒较粗，正所谓"不务妍媚而朴雅坚栗"。

　　紫砂壶所用泥料为制作缸坛的粗泥，含有粗砂颗粒，杂质较多，烧成时收缩不一，表面粗颗粒略有凸出，呈梨皮状。另外，当时的壶多与缸同窑烧制，缸坛的釉高温熔化后随气流升腾，凝附到素身砂壶上，产生"飞釉"。万历后烧制工艺有所改进，飞釉不再出现。紫砂艺人开始注重对泥料的加工、调配，在较细的泥料中掺入颗粒较粗的生泥或熟料，烧成后壶的表面砂粒隐约可见，典雅古朴。

　　时大彬还开创了大胆弃模的徒手制壶之路，之后的紫砂壶多由手工捏制或手工拍打泥条造型而成。壶表经拍压，滋润光泽；内壁经拍压，有指印痕，疏松而保持透气性。

三 | 清代紫砂壶

进入清代，紫砂壶的制作水平在前人的基础上更上一层楼。特别是从清康熙中期到乾隆晚期，社会安定繁荣，江南地区富甲天下，上至宫廷皇室，下至文人商贾，均雅好紫砂，宜兴紫砂壶进入历史上的繁荣期。

清代紫砂的练泥与烧造较明代有明显进步，泥料加工后比较细腻，胎身表面平整。泥料配色也更丰富，朱泥、紫泥仍为主体，另有白色泥、乌色泥、黄泥、梨皮泥、松花泥等多种色泽。烧造采用龙窑，温度比较均匀，过温、欠温的现象很少出现。

清代紫砂壶造型上有新的变化，筋纹器形与自然形体相融合，后来被自然形体所取代。自然形体造型变化的引领者是别名陈曼生的陈鸿寿。装饰风格上，明代紫砂壶少有装饰，而清代紫砂壶则下了大功夫。自康熙中期至乾隆晚期，装饰技艺发展到顶峰，采用了泥绘、加彩、浮雕、堆泥、贴花、施釉、搅泥、镂孔、包漆、包锡、磨光等技法。制作工艺也达到更高的水准，器身采用拍身筒和镶身筒技法制作，流把采用明接与暗接，接口修饰均匀修和，基本为独孔。一般紫砂圆器可以达到精圆水准。

清代所制之壶多留有印款，"壶依字贵，字以壶传"。印款均为篆体方印，金石味很浓，一般在底部，盖内少有，把下印很少见。刻款为钢刀刻之，还有楷书刻名款、词句等。

在风格上，入清以后，宜兴砂器被列为贡品，由此砂艺形成两种风格：一是"式度精艳，风骨闲雅"的文人风格，一是"由朴而华，日渐巧艳"的宫廷趣味。

清代提花紫砂壶

其中推崇文人风格的艺人有周季山、陈和之、陈挺生、徐令音、徐次京、郑宁候、华凤祥诸家，走向宫廷风格的艺人有杨友兰、王南林、邵基祖、陈汉文、邵德馨、邵玉亭、邵友兰诸家。在士人风姿的紫砂壶身上铺盖一层工整、繁缛而又豪华的气息，使士大夫的美学理想受到损害。

康、雍、乾三代的宫廷用壶，制作精益求精，不惜工本，追求高贵富丽的皇家气派和奢靡之风。例如，烧成的壶还可以在壶体上施彩，再入窑烧制。但该工艺掩盖了紫砂壶的自然古朴之美，乾隆、嘉庆以后鲜再使用。

清代嘉庆、道光年间，文人参与制壶，成为紫砂壶艺突出的时代特征。首创者为嘉庆时文人陈曼生，后继者有瞿应绍、邓奎、朱坚、乔重禧等人。紫砂壶从此转趋典雅道古，样式创新不说，壶上还引入书法、绘画、篆刻等装饰工艺。风格多变对文人风格又有促进和提高。

当时著录可考的壶工有惠逸公、范章恩、潘大和、葛子厚、吴月亭、申锡、邵大亨、邵二泉、杨彭年、杨凤年诸家。其中杨彭年、杨凤年兄妹与陈曼生合作创造了曼生十八式，作品世称曼生壶，开创了紫砂壶的一代新风，名重一时。

另外值得一提的是制壶高手邵大亨。当时，他的艺名虽远不出乡里，可壶艺练洁质朴，一洗清宫廷之繁缛习气，严谨治艺的风貌为人称颂。邵大亨是继陈鸣远之后又一在砂艺上达到顶峰的人物，是砂艺史上重要的里程碑。

至清晚期，受战争、列强入侵的影响，紫砂壶发展一度陷于低潮。鸦片战争后，紫砂壶好事者，既有官僚和文人，又有巨商和买办，酷嗜砂艺，设馆收藏，纷纷定制专款。如黄彭年"彭年""子寿"壶，潘仕成"潘"壶，伍元华"万松园制""听涛山馆"茗壶，蔡锦泉"听松山馆"壶，吴大澂"愙斋"阳文印款壶，胡远自题铭识壶，张之洞号"壶公"壶，金铁芝底钤"铁画轩"壶，端方盖内"陶斋""宝华庵"印款壶等。

这一时期，制壶仍代代有人，如道光、咸丰年间的朱石梅、冯彩霞、邵湘甫、邵云清等，同治、光绪、宣统年间的邵郝大、黄玉麟、范鼎甫、周家福、王东石、陈光明、杨佰年、陈寿福、邵友廷、邵友兰等。其中最引人注目的应推朱石梅、冯彩霞、黄玉麟、范鼎甫。

清代方形紫砂壶

四 | 民国紫砂壶

清末，紫砂行业受战乱影响步入衰颓。民国初期，社会相对安定，出现大批制壶名手，如程寿珍、范大生、李宝珍、汪宝根、蒋燕亭、陈光明、冯桂林、邵云如、朱可心、裴石民、顾景舟、吴云根、任淦庭等。他们不但技艺扎实，而且各有绝活，一扫晚清紫砂颓势，开创民国初期的复兴局面。

进入民国之后，紫砂业开始缓慢复兴，最突出的表现是经营紫砂的商号层出不穷，如利永陶业公司、吴德盛陶器行、陈鼎和公司、葛德和陶器店、铁画轩陶器厂等。辛亥革命后，工商一体的窑户纷纷兴起，大窑户在外埠设店的有十多家。

民国时期，蜀山有专营紫砂的"老豫丰""新福康""利永"等。以前紫砂人才的培养多为师承、家传，民国时出现了新的培养模式，如企业培训、学校职业教育等。1917年蜀山北厂创办了江苏省立陶瓷工厂，招聘技工，生产紫砂陶。

1921年利永公司在宜兴蜀山开办利永陶工传习所，招收培养艺徒二十名，聘名师授课传艺。1931年后在长江下游各省市都有紫砂经销地。1934年成立宜兴县陶业紫砂同业工会，至1946年10月解散，另立宜兴县陶器业整理委员会。

抗日战争前，紫砂工艺在芝加哥、巴拿马、伦敦、费城、列日等世界博览会上屡获嘉奖。例如，1915年，旧金山巴拿马—太平洋世界博览会，宜兴物产会选送的一批紫砂器获头等奖；1930年，比利时列日国际博览会，利永公司展出的紫砂陶获银质奖章；1905年，英国伦敦国际艺术展览会，范鼎甫的紫砂雕塑"鹰"获金质奖章。当时突出的艺人有冯桂林、范鼎甫、程寿珍、赵松亭、汪宝根、陈汉西、俞国良、范大生、李保珍、范福奎等。这些荣誉的获得，证明了这一时期紫砂产业的整体实力。

紫砂壶广受欢迎，除了供应国内市场，还远销国外，部分商号甚至在日本、新加坡等国开设店铺。利永等大紫砂公司，不仅建有龙窑，还有自己的注册商标和发行所，产、供、销一条龙。

民国制提梁紫砂壶

民国紫砂壶

　　这一时期紫砂壶仿古之风盛行。民国对明清紫砂珍品十分追捧，逐步将其发展为市场主流，至20世纪初达到高峰。毫不夸张地说，宜兴所有的顶尖艺人都从事过仿古工作，仿品质量过硬，甚至与明清珍品不分伯仲。顾景舟便是从仿古入手，终成一代壶艺名师。紫砂商号私下也制作仿古壶，因为它们的利润更高。

　　民国时期紫砂壶的制作分工更细，生产形成炼泥、制坯、刻字、焙烧、包装等专业分工。在分工细化的同时，工艺制作创新颇多。如在传统泥料中加入千分之七的化工原料氧化钴、氧化锰等，配成墨绿泥、黑紫泥等泥色，使"五色土"更加妍艳。艺人们还研制出均青釉、古铜釉等装饰方法，创造了在紫砂器上吹釉、挂釉、贴花、印花等加彩技法。

　　20世纪30年代，因连年战祸，窑业衰落，艺人们流亡的流亡，弃业的弃业，七百多人的紫砂艺工队伍，至1949年只剩下二十多人，紫砂业几乎陷入人亡艺绝、后继无人的境地。

五 | 新中国紫砂壶

　　新中国成立后至今的七十余年间，从战后恢复到走向繁荣，紫砂壶迎来了一个崭新的阶段。制作工艺飞速进步，从业人员数量空前庞大，紫砂文化理论及考古研究也不断取得新的进展。从泥料的角度讲，采用机器炼泥方式，泥料质量大幅提升，泥质比以往任何年代都细腻，壶制品更加规整。煅烧技法也不断创新，出现了煤气窑、电热窑、石油液化气窑等。另外还出现了灌浆壶、辘轳壶、拉坯修坯壶等非传统紫砂壶加工方法，具有成品快、产量大的特点。不过，这些制作方法并不被紫砂玩家认可，不具有收藏价值，充其量就是一把喝水壶具而已。

　　紫砂器物造型也创新不断，百家争鸣，百花齐放。如顾景舟创作的云肩三足鼎壶、汉云壶、提璧壶、雪华壶等，令人心生惊喜；王寅春创作的玉笠壶、八方盅型壶等，使人眼前一亮；朱可心创作的竹段壶、云龙鼎，蒋蓉创作的荷花茶具、芒果壶、月色蛙莲壶、青蛙荷叶壶等，让人耳目一新。此外，高庄的玉璧茶具，亚明的亚明方壶、高瓜壶，张守智的曲壶，韩美林的提梁系列壶，则开创了新时代艺术家与紫砂艺人合作的先河。

　　从事紫砂陶艺的人员数量与日俱增，涌现出以顾景舟、任淦庭、吴云根、裴石民、王寅春、朱可心、蒋蓉、谭泉海、汪寅仙、徐汉棠、徐秀棠、周桂珍、李昌鸿、鲍志强、顾绍培、曹婉芬、沈蘧华、毛国强、许承权、潘春芳、潘持平等为代表的众多紫砂工艺大师。

在继承、发扬传统的基础上进行创新，任淦庭、朱可心、顾景舟、王寅春、吴云根、裴石民、蒋蓉七位艺人的工艺成就，不仅与历代巨匠齐名，且均有卓越的贡献。

紫砂业新人也在苗壮成长，经考评，1989 年 3 月晋升高级工艺美术师的有顾景舟、蒋蓉、徐汉棠、徐秀棠、李昌鸿、沈蘧华、李碧芳、汪寅仙、吕尧臣、顾绍培、吴震、鲍志强、何道洪、谭泉海、储立之等。1993 年 12 月晋升高级工艺美术师的有鲍仲梅、潘持平、何听初、曹婉芬、周桂珍、张洪华、谢曼伦、葛明仙、毛国强、沈汉生等。1995 年晋升高级工艺美术师的有咸仲英、程辉、周正严、夏俊伟、凌夕苟、曹亚麟等。

宜兴紫砂陶艺迸发出前所未有的活力，创作理念与时俱进，新人新作层出不穷，艺术流派精彩纷呈。宜兴紫砂的未来，有待大书特书。

顾景舟制翠竹纹紫砂茶具

李昌鸿、沈蘧华制竹简套壶

　　紫砂是陶瓷的一个十分特殊的种类，主要盛产于宜兴丁蜀镇一带。位于丁蜀城区东北部蜀山古南街历史文化街区，是明清以来宜兴紫砂陶制作、生产、贸易的集散地，保存了紫砂陶业制作、销售、运输等整体产业链和物质空间形态，是认识、研究紫砂生产及其文化的重要历史场所。

　　紫砂陶品类繁多，但以茶壶声誉最高，是实用与艺术的完美结合，历来为文人雅士所爱，并以其特有的艺术图样和浓郁的文化气息而为人们称颂和珍视。它不仅是中华民族的传统工艺代表，更是人类创造的文化艺术结晶。

　　近些年来，随着国民经济的发展、生活质量的提高和收藏热的方兴未艾，集实用、观赏和收藏为一身的中国紫砂被越来越多的人所关注。

第二章 紫砂入门

一 | 紫砂陶瓷

人们常说的紫砂是紫砂陶器的简称，又叫紫砂器，是陶器的一个分支。其特点是结构致密，接近瓷化，强度较大，颗粒细小；断口为贝壳状或石状，但不具有瓷胎的半透明性。《紫砂陶器国家标准》的定义是：质地细腻，由含铁量较高的特殊黏土制作而成，呈色以赤褐为主，质地坚硬而透气性能好的无釉陶器。

以国家标准定义理解，紫砂与其他陶器的区别有三点：一是由含铁量较高的黏土制成；二是不上釉；三是透气性好。因此，符合上述三点的陶器就是紫砂，同时产品品质必须符合《紫砂陶器国家标准》中各项技术要求的规定。

紫砂并非紫色，高温烧成后会呈现各种各样的奇丽色彩，有朱砂红、枣红、紫铜、海棠红、铁灰铅、葵黄、墨绿、青兰等。紫砂不上釉，但胜似上釉，色泽变化奇诡，丰富多彩。如朱砂紫、榴皮、豆青、海棠红、闪色等，皆是自然原色，质朴浑厚。

制作紫砂陶器的原料是一种含水铝硅酸盐的矿物黏土，是由地壳中含长石类岩石经过长期风化与地质作用而生成的，在自然界中分布广泛，种类繁多，中国大多数地区都藏量丰富。它的主要成分有二氧化硅、三氧化二铝、三氧化二铁、二氧化锰、氧化钙、氧化镁、氧化钾、氧化钠、氧化钛和结晶水等。

制作紫砂陶器的工艺有很多种，常见的有手工成型、注浆成型、滚压成型、塑压成型等方式。《紫砂陶器国家标准》对紫砂茶壶的成型方式的规定是只能采用手工成型，这是对传统手工艺的保护。

乾隆御诗印花烹茶图紫砂壶

紫砂掇球壶

　　紫砂土通过隧道式开采，经风化、粉碎、过筛，加适量的水拌和，放于阴凉处陈腐、锤炼，才能达到理想的可塑性。紫砂器的泥色有多种，除主要的朱泥、紫砂泥外，还有白泥、乌泥、黄泥、松花泥等各种色泽。

　　原料可单独使用，也可根据需要进行配比混合使用，从而产生更多的紫砂泥色。经不同温度、气氛的火焰烧成，色泽更为丰富，可呈现天青、栗色、深紫、梨皮、朱砂紫、海棠红、青灰、墨绿、黛黑等色，故有紫而不艳、红而不娇、绿而不嫩、黑而不墨、灰而不暗的高雅色调。

　　紫砂土是一种质地细腻、含铁量高的特种陶土，它的分子排列与一般陶瓷原料的颗粒结构不同，经1200℃的高温烧成，呈鳞片状结构，有着理想细密度的气孔率。制品表面加工细密，不需要施釉，在泡茶时不会产生任何化学反应，所以用紫砂壶泡茶不失原味，茶的色、香、味皆宜。

紫砂刻花四方盆

　　紫砂产品的外观可采用抛光手法，也可采用上化妆土的工艺，还可采用雕刻、喷砂等手法进行装饰。由于工艺不同，因此有内外颜色上的差异。也可根据产品需要，调制不同的化妆土而得到不同色彩的紫砂产品。根据《紫砂陶器国家标准》的强制规定，不得采用有机物进行外观处理。

　　紫砂不挂釉，而是充分利用泥的本色，烧成后色泽温润，古雅可爱。紫砂器面还具有亚光效果，既可减弱光的反射，又能清晰表现器物的形态、装饰与自身的天然色泽。

　　紫砂陶质地古朴纯厚，不媚不俗，与文人气质十分相似，因此历代文人深爱笃好，以坯当纸，或撰壶铭，或书款识，或刻以花卉、印章，托物寓意，每见巧思。

宜兴窑珐琅彩紫砂盖碗

　　紫砂茶具造型简练、大方，色泽淳朴、古雅。紫砂茗壶的造型千姿百态，有朴实的实用造型，也有奇巧的怪异造型，但总括起来主要有几何型、自然型、筋纹器、水平壶和茶器等。

　　一把紫砂壶共有钮、壶盖、壶腹、壶把、流嘴、足、气孔等七个部位。从制作工艺上细分，足有圈足、钉足、方足、平足之分，钮有珠钮、桥式、物象钮三种。壶盖有嵌盖、压盖、截盖，把有单把、圈把、斜把、提梁把，圈把又有与嘴对称式、倾斜式、三平式等。其形可谓纷繁多样。

　　历代流传的紫砂壶形制都有一定名称，至今还有数十种流行，如洋桶、一粒珠、龙蛋、四方、八方、梅扁、竹段、鱼儿龙、寿星等。现代人较注重紫砂壶的收藏价值，单从收藏价值考虑，紫砂古壶价值连城，寸柄之壶则更为珍贵。

二 | 紫砂新标准

　　2009 年 6 月 1 日，由国家质量监督检验检疫总局与中国国家标准化管理委员会发布的《紫砂陶器国家标准》正式实施。新标准对紫砂陶器的概念给出明确界定，这也意味着 1989 年公布的《紫砂陶器国家标准》自行废止。那么，新标准对紫砂陶器提出了哪些技术要求？收藏和投资者又应如何理解这些新标准呢？

圆形紫砂壶

孤菱紫砂提梁壶

1. 对铅、镉溶出量进行修改

新标准：除杯类以外的小空心制品铅溶出量由原来标准中的不大于 5.0mg/L，提高为 2.0mg/L（数值降低，要求提高），而镉溶出量则由原来标准中的不大于 0.5mg/L，提高为 0.3mg/L。

铅、镉溶出量是陶瓷产品很重要的安全卫生指标。在传统认识中，产生铅、镉溶出量的主要是釉上烤花和其他釉上装饰产品，而对于紫砂陶器、白胎、色釉等非烤花类产品，警惕性不够。

方形紫砂壶

无釉紫砂陶器

立式紫砂罐　　　　　　　　　　　　包锡紫砂壶

少数生产企业片面地认为，只有釉上烤花产品才可能有铅、镉溶出量的问题；而实际情况是，紫砂陶器、白胎等非烤花类陶瓷产品，一旦因为原料使用不当，或加工工艺不合理，出现铅、镉溶出量大于标准值的质量问题，会比烤花类陶瓷产品给消费者带来的危害更大。

由于紫砂壶价格的一路看涨，大量劣质壶涌入市场，现在市面上卖的紫砂壶半数以上都是垃圾壶。这些壶被商家封以"正宗宜兴紫砂"的名号，但实际上却是劣质砂泥掺杂化学添加剂，再经过抛光甚至涂抹皮鞋油炮制出来的。

这些有机化工材料可能会渗入茶水里，对人的健康产生不良影响。非但不能养生，甚至还会伤身。新标准站在关注消费者身体健康的高度，有力抵制了劣质紫砂壶的泛滥，极大程度地保护了消费者的权益。

2. 排斥注浆、机械成型及上釉紫砂器

新标准：紫砂陶器的国家标准适用于质地细腻、含铁量较高、富含多种人体必需微量元素并对水质有改善的紫砂泥，以手工拍打、镶接法制成的质地较坚硬而透气的无釉紫砂陶器。

这个标准实际上排斥了注浆、机械成型及上釉紫砂器。一直以来，以注浆、机械成型等依靠工业化、大规模生产为竞争手段的低档紫砂壶混入收藏品市场，不仅干扰市场，损害消费者利益，而且影响传统紫砂工艺的传承。

紫砂茶壶

仿古僧帽壶

　　传统紫砂工艺主要采用全手工的拍打、镶接技法制壶，方器、圆器、筋纹塑器，仿真象形，自然生动，组成紫砂艺术的主旋律。光货的造型简洁明了，方货的造型稳重端庄，花货的造型师其造化，筋纹器的造型严谨规范，表现了紫砂工艺的传统艺术美感。古朴典雅，气韵生动，没有机械成型的刻板呆滞。

　　传统紫砂工艺以中国传统的金石书画为主题，赋于嵌、绘、彩、釉、塑、漆、雕、镂等，特别是紫砂艺术和文人的结合，大大丰富了紫砂艺术美的深刻内涵。非手工壶为攫取更大利润，往往机械成型、批量生产，完全摒弃传统紫砂工艺，毫无艺术感可言。

　　新标准确定以传统手工拍打、镶接法作为成型工艺手段，不但对传统手工技艺及其工艺水平表示出应有的尊重，而且对紫砂工艺优秀传统的继承和发展奠定了坚实的基础。

　　值得注意的是，新标准排斥了上釉紫砂陶器。这是由紫砂特殊的透气性等特质决定的，无论上釉还是雕漆、锡包，都会影响材质本身所具有的独特优势。但是，如果这种紫砂陶器上釉工艺被排除在外，那么明清以来采用的紫砂壶雕漆外装饰工艺和朱石梅、杨彭年等采用的锡包壶传统工艺，还要不要继承和发扬？这是一个值得讨论的问题。

3. 技术标准更加注重细节

新标准：盖与口要吻合，成套产品色泽应基本一致，盖子在倾斜 70 度时不脱落等。

早在明清时期，壶盖脱落就是紫砂制壶工艺的大忌。古代鉴赏家在品评一把紫砂壶的优劣时，茗壶是否会脱落壶盖，是一条极为重要的标准。

无论紫砂壶艺术性、工艺性有多高，毕竟是建立在人们日常使用的基础上的，器物的完美与使用的安全性十分重要。盖子脱落或者碰击壶身，会给壶带来不可复原的损伤或印记，这些或大或小的瑕疵会大大影响紫砂壶的价值。因此，"盖子不可脱落"这类经过历史考验的关键性标准的确立是非常必要的。

三 | 专业术语

　　不少新手壶友，面对紫砂壶的专业术语可谓一头雾水，甚至有时会因为一些术语而闹出笑话。下面看一看日常生活中经常会接触的一些紫砂壶术语。

传统紫砂陶器

紫砂壶制作——陈腐

紫砂壶制作——手制

紫砂壶制作——生料

1. 茶山

紫砂壶具有良好的透气性，茶壶长期使用，吸附在壶内的茶迹，人们通常称为茶山。

2. 陈腐

泥料的陈腐亦称陈化，古名养土，俗称困料、困泥或储泥，是紫砂矿泥加工工序之一。开采后的紫砂矿泥经翻晒、粉碎、风化、研磨、过筛、和水拌匀，制成约宽六寸、长一尺的湿泥块，然后放入不透日光、不通空气的阴暗潮湿处，在保持一定温度和湿度的情况下，贮存起来，以改善泥料的性能。

湿泥经慢慢陈腐后才能成为腐泥。其水分得到均匀分布，以利坯料氧化，有机物质充分分解。经过陈腐的矿泥可增强可塑性，减少成型和干燥时的开裂现象。

3. 陈腐期

将调配、炼制好的泥料放置在阴湿处陈腐的时间，称为陈腐期。如同地下酒窖的陈年好酒，相对而言，陈腐期越长，制出的壶就越光润古雅。陈腐期最短也要三个月以上。我国古代的陶瓷制作，储泥陈腐是一个重要步骤，陈腐时间大多在一年以上。

4. 明针

明针既是紫砂壶的成型工序，也是表面精加工的主要工具，更是紫砂工艺极其重要的特殊加工手法。明针的主要作用就是在茶壶生胚制作完成时，对生胚表面做精加工的修胚等动作。

5. 包浆

包浆专指器物表面的一层光泽。茶壶经长年使用后，表面会形成一层自然而又特别的光泽，这种光泽内敛深稳，含蓄温润，毫不张扬，区别于崭新紫砂壶发出的"贼光"。

紫砂壶制作——风化

6. 太阳线

在紫砂壶内的底部，表面中心向四周呈发散状，如太阳光芒线的泥痕，被称为太阳线。

7. 推墙刮底

紫砂壶成型过程中，壶内壁出现凹凸不平时，为了使表面光滑平整，制作者使用工具进行整理，这就是推墙刮底。模具壶常用此方法。

紫砂壶制作——手制

紫砂壶制作——过目

紫砂壶制作——手制

8. 风化

开采的矿料经过露天堆放，接受自然界的风吹日晒、严寒酷暑，崩裂瓦解，使原来密实的块状变化成松散的颗粒，质地由坚硬的石质结构演变为酥软的土质结构，这个过程称为风化。

9. 紫砂原矿

事实上，紫砂即原矿，破碎摧毁成泥。平常见到的紫砂壶所用原料都是紫砂矿石加工出来的，俗称练泥。

10. 生料

开采出来的矿料常称生料。

11. 熟料

经过至少三个月以上充分风化后的矿料便为熟料。

12. 目数

紫砂矿料经风化、除杂质、粉碎、用筛过滤后，泥料的粗细称为目数。这个过程也叫过目。由于1957年以前一直采用手工炼制法，故目数较低，紫砂的通透性能更好，颗粒更粗，质感更强，这也是辨别新老壶的标准之一。

1958年开始出现机械过目，目数稳定在60目左右。1959年至今多用雷蒙粉碎机，以风力控制目数，机器粉碎的目数可高达140目到180目。如今制作紫砂壶，采用不同的泥料炼制方法，基本目数控制在60目左右。60目以下算作粗的，反之则为细的。目数越大，泥料也就越细。反之，泥料的颗粒感就会很强烈。

13. 灌浆

灌浆是利用石膏的吸水性，将含有石蜡的泥浆加热注入石膏模中，冷却后将石膏模脱开，便可得到壶坯，经镶嘴、把，并脱蜡后烧制成壶。

灌浆所需要的紫砂颗粒至少要在200目左右，还掺有较多的玻璃水，会使紫砂壶失去应有的透气性。灌浆工艺适合大批量生产且成本较低，一个人一天可以灌300把到500把灌浆壶。

紫砂壶生坯

紫砂壶原料——紫砂矿

14. 手制

一般指全手工制壶，不过在全手工与半手工之间有些争议。不少人认为，紫砂壶成型方法比较特别，离不开紫砂艺人的双手，借助石膏模具成型也需要双手精心修坯。

史料记载，供春壶的成型使用了木模；当代中国工艺美术大师蒋蓉的牡丹壶采用模具成型，后使用制壶工具悉心修坯。

15. 半手工

一般而言，半手工壶含有手工的成分。有的是壶嘴、壶把、壶盖等用手工制作，身筒用模具制作；有的是身筒用手工完成，其他用模具制作。

半手工也可以指通过手工制作，然后用范型模具为作品整形，完成最后的校准工作等。在制壶过程中少量运用范型工具都可称为半手工。

16. 全手工

全手工制壶工艺的大概过程，一是打泥片，二是围身筒，三是打身筒，四是搓壶嘴、钮、把，五是装壶嘴、钮、把，六是制壶盖，七是开壶口，八是修光、精加工，九是落印款。

全手工制壶要求制作者不仅要掌握泥胚成型的技巧，还必须利用紫砂材质的特性，在作品中营造出艺术的氛围，所以全手工壶不仅可以作为茶具使用，还具有艺术收藏价值。

泡茶芳醇的紫砂壶

四 │ 紫砂泥

　　紫砂壶的原料是紫砂泥，紫砂泥是一种矿土，紫砂矿土经过挑拣、风化、研磨，在不添加其他材料成分的基础上，制成可以做壶的原矿紫砂泥。

　　紫砂泥因其颜色多样而俗称五色土，常见的颜色有黑泥、深紫泥、浅紫泥、红泥、米黄泥、绿泥六种。两种以上的泥混合或加入化工呈色剂，又可产生许许多多的泥色，冻梨泥色、墨绿泥色、古铜泥色就是这样产生的。

　　紫砂泥的可塑性好，可任意加工成大小各异的不同造型。制作时黏合力强，但又不粘工具不粘手。如嘴、把均可单独制成，再粘到壶体上，然后再加泥雕琢、加工施艺；方形器皿的泥片可用脂泥粘接，再进行加工。如此大的工艺容量，为陶艺家充分表达创作意图、施展工艺技巧提供了物质保证。

　　紫砂陶的烧成温度范围较宽，变形率小，生坯强度大，因此茶壶的口、盖能做到严丝合缝，造型、轮廓、线条规矩严整而不致扭曲。把手可以比瓷壶的粗，不怕壶口面失圆，只要与嘴比例合度；此外还可以做敞口器皿，或口面与壶身同样大的大口面茶壶。

紫砂壶制作——手制

　　紫砂泥本身不需要加配其他原料就能单独成陶。成品陶中有双重气孔结构：一为闭口气孔，是团聚体内部的气孔；一为开口气孔，是包裹在团聚体周围的气孔群。这就使得紫砂陶具有良好的透气性。

　　紫砂泥土成型后不需要施釉，它有平整光滑的外形，用的时间越久，把玩的时间越长，就会发出黯色的光泽。这也是其他质地的陶土无法比拟的。

　　正因为紫砂陶有如此优良的性能，加上精巧的制作技艺、科学的生产工艺、丰富的器物造型，以及它的实用功能，所以能够成为世界名陶。

　　紫砂泥作为一种矿藏，在我国含量丰富。江苏、山西、江西、宁夏、福建、内蒙古、安徽、山东、广东、湖南等地都有分布。

五 | 紫砂壶的优点

　　紫砂壶之所以受到茶人喜爱，一方面是造型美观，另一方面是泡茶时有许多优点。紫砂陶是从砂中锤炼出来的陶，既不夺茶香气，又无熟汤气，故用以泡茶色香味皆佳。

　　用紫砂壶泡茶，使用的年代越久，壶身色泽就愈加光润古雅。紫砂壶嘴小、盖严，壶的内壁较粗糙，能有效地防止香气过快散失。

　　长久使用的紫砂茶壶，内壁挂上一层棕红色茶垢，使用时间越长，茶垢积在内壁上越多，冲泡茶叶后茶汤越发醇郁芳馨。即使不放茶，只倒入开水，仍茶香诱人，这是一般茶具做不到的。

　　紫砂茶壶里外都不施釉，保持微小的气孔，透气性能好，但又不透水，并具有较强的吸附力，这也是一般茶壶所不能比拟的。它能保持茶叶中芳香油遇热挥发而形成的馨香，提高茶汤的晚期酸度，起到收敛和杀菌作用，故能稍微延缓茶水的霉败变馊，所谓"盛暑越宿不馊"，道理就在这里。

　　紫砂壶泡茶，保温时间长。由于壶壁内部存在着许多小气泡，气泡里又充满不流动的空气，空气是热的不良导体，故紫砂壶有较好的保温性能。

用紫砂壶泡茶，提携抚握不易炙手。紫砂壶的膨胀系数比瓷壶略高，而且没有釉，就不存在坯釉应力的问题。烧成后的紫砂壶，有足以克服冷热温度差所产生的急变能力，故具有缓慢的传热性，即使在上百度的高温中蒸煮后，迅速投到零下的冰雪中也不会爆裂。寒冬腊月，用沸水泡茶，也不必担心裂开。

　　紫砂壶泡茶陈茶不馊，暑天越宿不起腻苔，有利于洗涤及保持茶壶自身的卫生。久置不用，也不会有宿杂气，只要用时先满贮沸水，立刻倾出，再浸入冷水中冲洗，元气即可恢复，泡茶仍得原味。

　　据有关专家研究，一般陶瓷茶具，器壁光滑，渗透性差，其凝聚的水珠滴落后，使茶水频繁搅动，容易促使霉菌繁殖，造成茶水发酵。而紫砂壶的陶质壶盖有孔，能吸收水蒸气，不至在盖上形成水珠，故不会加速茶水的发酵。

紫砂壶泡茶隔夜不馊

紫砂陶质耐烧，冬天置于温火烧茶，壶也不易爆裂。当年苏东坡用紫砂陶提梁壶烹茶，有"松风竹炉，提壶相呼"的诗句。这也是古今中外讲究饮茶之人特别喜爱用紫砂壶的原因。

紫砂壶使用越久，壶身色泽越光亮照人，气韵温雅。紫砂壶长久使用，器身会因抚摩擦拭而变得越发光润可爱。闻龙在《茶笺》中说："摩掌宝爱，不啻掌珠。用之既久，外类紫玉，内如碧云。"《阳羡茗壶系》中说："壶经久用，涤拭日加，自发黯然之光，入手见鉴。"

紫砂器还有一个特点，就是把诗情画意由雕刻艺人直接刻画在紫砂陶土上。早在明清时期，就有一些文人雅士吟诗作画、题诗记事于壶上，并有留言作为馈赠珍品。

特别是陈曼生和子冶两人，更是大大推动了陶刻艺术的发展，有"字随壶传，壶随字贵"的说法。近年来装饰方面又有创新，在紫砂陶上嵌金银丝等装饰新工艺，更是锦上添花。

紫砂壶是实用的饮茶器具，也是具有鉴赏价值的艺术品。紫砂茶具凭借独特的泥料和成型工艺，将造型、绘画、诗文、书法、篆刻等艺术融为一体，造型简练、大方，色泽淳朴、古雅。

紫砂壶泥坯

诗情画意的紫砂壶

　　紫砂壶是"世间茶具称为首"的泡茶器皿，它的内容与形式达到了相对的统一、内容适合、触觉舒服、形体完备、美观大方。一般来说，泡红茶宜用深一点的壶，泡绿茶宜用浅一点的壶。在工作之余，泡一壶茶，喉底回甘之时，消除疲劳和烦恼；欣赏晋唐之风、名山秀水、花鸟园林的意境，又是何等文雅。

紫砂壶使用越久越光亮照人

　　紫砂陶不仅具有独特的功能效用，更具有欣赏和收藏价值。作为收藏品，紫砂壶有着悠久的历史。紫砂器以其特有的艺术图样和浓郁的文化气息被人们称颂和珍视。高端紫砂艺术品的成交价格也在不断刷新。紫砂器不仅是中华民族传统工艺的代表，更是人类社会共同创造、拥有的文化艺术结晶。

六 | 紫砂壶

紫砂壶分类方法很多，可以按造型、材质、容量、制作工艺，以及是否有扭捏装饰，是否出自工艺师之手等来区分。

按造型来分，可分为圆形器、方形器、筋纹器、花色器等；按制作工艺种类来分，有纯手工制作、半手工制作、拉胚壶、灌浆壶等；按是否有扭捏等装饰手段来分，又可分为花货和光货。

美观大方的紫砂壶

蓝花紫砂壶

　　按紫砂壶材质分类，其实就是按所用泥料来分类，一般常见的有紫泥壶、红泥壶、朱泥壶、段泥壶、底槽清壶、天星泥壶、青灰泥壶、本山绿壶、黑料壶、清水泥壶等。

　　按容量可以粗略地分为小品、中品和大品；200毫升以下的壶归为小品，200毫升至400毫升的归为中品，400毫升以上的归为大品。

　　从商品档次或者制作精粗的角度来划分紫砂壶的等级，可分为粗货、细货和特种工艺品三类。粗货，又称大路货，价格低廉，制作粗糙，造型多求简练大方，易于生产且成本低，为同型号的大批量生产，因此品种单一，多半只钤商号、作坊款，甚至不钤款识。

大路货紫砂壶

历史上，大路货产品以实用为主，多使用于茶馆及农村，造型简单，利于生产；现今实用、欣赏、陈设相结合，造型多样，符合大众口味，但从艺术角度看相对比较俗气，使用对象亦多为初涉紫砂的一般群众。这类产品不讲"艺"，只讲"用"，一般不在鉴赏之列。

虽然粗货的价值有限，但若能反映出特定时期的工艺特征，也同样有收藏、研究的价值。当然也有特殊情况，即历史上的经济萧条时期，独具功力的高手也只能做些大路货产品，借以谋生，这些作品同样值得收藏、研究。

大路货紫砂壶

细货，指具有一定欣赏价值并兼具实用性的工艺品，有一定的工艺水平，既讲"用"也讲"艺"。其作者多为技术娴熟的良工巧匠，以复制传统造型为主。批量出品，有一定的制作水平，但不属精心制作，不是创新的艺术品。多半落有作者款识，但未必见载于史册，或是生卒年难考者。总体上讲，是有欣赏价值的"产品"，而非个人的"作品"。

这类产品的收藏价值显然高于粗货，而且能具体反映出该时期的制作水平、形制标准与泥料特色，加上赝品数量较名人名作要少，因此是不错的收藏选择。

明代宜兴紫砂茶壶

特种工艺品大多是出于有名艺人的手工制品，不仅讲究造型完整，还特别注重工艺质量。相较前两者，名家制作的工艺水平自然不在话下，但是赝品的困扰也相对较大。

特种工艺茶壶的购买对象一般是收藏爱好者，而且这类产品价值不菲，如果是历史文物，其价格更为惊人。古代有表明紫砂壶价格不菲的诗文，比如周澍的《台阳百咏注》，讲到"供春小壶，一具用之数十年，则值金一笏"。《茗壶图录》中说"明制一壶，值抵中人一家产"，足见名家作品价值之高。

紫砂壶分类繁多，如今的玩家多是选择某一类来收藏、把玩、品味，以几何形体和出自一般工艺师之手的作品作为自己的收藏重点。

清代锡包紫砂茶壶

七 | 宜兴紫砂

　　说起紫砂，我们首先会想到驰名中外的宜兴紫砂。宜兴的紫砂器以泥质细腻、呈色丰富、形制新颖和纹饰多样而著称。艺人们对选料炼泥特别重视，所用陶土一般要经过窖藏、淘洗等工序。

　　宜兴紫砂成品颜色呈现朱砂、暗肝、雪莉、松花、豆青、轻赭、淡黑、古铜等色调。造型能根据自然界中鸟兽瓜果的形象进行创作，并施以丰富多样的纹饰进行美化。

　　宜兴位于太湖之滨，山清水秀，素有"陶的古都，洞的世界，茶的绿洲，竹的海洋"之称。宜兴处于亚热带，四季分明，气候宜人，因上天的厚爱，地下蕴藏着得天独厚的紫砂土，特别有利于陶瓷生产。

　　在宜兴，紫砂土又被称为富贵土。相传古时候，在宜兴南面有两座山，一座叫青龙山，一座叫黄龙山。山下有一个小村落，村里住着十几户人家。村民早出晚归，勤于劳作，闲暇时便用陶土制作日常所用的碗罐。

　　村里有对老夫妇，丈夫叫石富贵，生有二男二女。大儿子过了三十岁，还没有讨到老婆，急得老两口团团转。可一家六口连饭都吃不上，哪有钱为儿子娶亲呢？一天，石富贵和两个儿子在青龙山上砍柴，忽然迎面走来一名老僧，他身披袈裟，手提渔鼓，边敲边喊："卖富贵土！卖富贵土！"

宜兴窑陈鸣远款紫砂方壶

宜兴窑杨彭年制紫砂水盂

石富贵父子觉得十分稀奇，怎么把"富贵"喊进去了！于是也跟着他来到村里。村民们都好奇地看着这个古怪的僧人。僧人发现了村民眼中的疑惑，便又喊："贵不欲买，买富何如？"他提高嗓门，快步走了起来，就好像周围没有人一样。石富贵父子和一些有见识的村民跟着一起走，走着走着便到了黄龙山。

突然间，僧人消失了。人们四处寻找，没有找到僧人，却看到一些洞穴，洞穴中有各种颜色的陶土。石富贵父子和村民们搬了一些彩色的陶土回家，敲打铸烧，神奇地烧出了和以前不同颜色的陶器。

挖到五色土的事，一传十、十传百，人们纷纷前来挖掘宝土，又用这种土烧制成缸、盆、罐、瓮。就这样，紫砂陶艺慢慢形成，人们的生活也渐渐好了起来。石富贵和村民们非常高兴，就把这种土叫作富贵土。

2003年1月，在丁蜀镇中心文化广场大水潭边，矗立起一座将近三米高的紫砂雕塑"始陶异僧"。相传这里就是传说中带来富贵土的高僧消失的地方。

宜兴窑印烹茶诗句紫砂壶

宜兴窑印梅花诗句紫砂罐

宜兴窑金彩山水诗句紫砂壶

几百年来，在黄龙山山脚下，人们源源不断地挖出"土价千金"的紫砂泥。宜兴陶瓷的传说有很多，早在四五千年前原始社会晚期，就有先民在这块土地上烧造陶瓷了。商周时期已有几何印纹陶和早期的青瓷出现，此后陶瓷生产演进迅猛。

紫砂陶始于北宋，盛于明清，繁荣于当代。宜兴紫砂以其造型独特、工艺精湛、原料性能优异闻名于世。从清末至民初，宜兴紫砂依然是家庭作坊式生产。通常是技工自选泥料做成陶坯，然后委托窑户烧成；或者由窑户老板收购坯件，烧制后上市。

抗日战争时期，七座紫砂龙窑和一百多间厂房相继被毁，技工大量流散。抗日战争胜利至新中国成立之前，紫砂业一片萧条，几乎陷入后继无人的境地。

新中国成立后，紫砂产业开始恢复。产品远销世界各地，先后荣获国内外一百多项大奖，如 1984 年紫砂百寿瓶和竹简茶具获德国莱比锡春季博览会金奖。1991 年宜兴紫砂工艺厂被评定为国家二级企业，生产各类紫砂陶一千余种。

　　2006 年 12 月，宜兴紫砂制作技艺列入首批国家非物质文化遗产名录。2007 年 6 月，宜兴紫砂被国家工商行政管理总局批准为"地理标志证明商标"。

　　2008 年，宜兴紫砂陶制作技艺被正式列入申报世界非物质文化遗产候选项目库。2013 年 12 月 23 日，国家质检总局批准对"宜兴紫砂"实施地理标志产品保护。

宜兴窑陈曼生制紫砂壶

宜兴窑乾隆御制诗紫砂盖壶

八 | 喀左紫砂

除了宜兴紫砂以外，中国最有名气的紫砂当属辽宁省朝阳市喀喇沁左翼蒙古族自治县出产的喀左紫砂了。喀左紫砂资源丰富，在质地上可与宜兴紫砂媲美。

喀左紫砂、陶器在我国有着悠久的历史，可以追溯到史前红山文化时期。喀左县城地处凌河上游，特色陶土矿藏十分丰富，具有较长的制陶历史。在喀左地区已发掘的战国时期和汉代的古墓中均发现过紫砂胎陶器。

在辽金时期，工艺精美的陶制品已发展到相当大的规模。清代在白塔子、坤都营子等地都有窑址，这个时期主要生产陶器、青瓷，一般都是碗、盆等生活日用品。

早在 1958 年，江苏宜兴就曾派人到喀左传授紫砂技术。1974 年辽宁省陶瓷研究所普查喀左紫砂页岩，县里曾派技术人员到宜兴考察学习，回来后采用当地紫砂页岩进行了小型试验。

1975 年，紫砂厂技术员胡永恩制作出喀左县第一把全手工紫砂壶，用土窑烧出来后，样式和质量完好。近年来，辽宁省朝阳市对紫砂矿加强管控，特别压缩了大水缸、大花盆等低档产品，支持中高档艺术品开发。

2014 年，"喀左紫砂"获得国家地理标志证明商标，这是官方对喀左紫砂最大的认可，也为喀左紫砂正了名。

浅刻山水紫砂壶

刻字紫砂壶

　　喀左紫砂产地范围为辽宁省喀喇沁左翼蒙古族自治县现辖行政区域，主要原料为保护区内开采的紫砂矿，外观为紫红色、红色、黄色、浅紫色、绿色或黑色。

　　喀左紫砂陶器的装饰工艺水平很高，设计、雕刻都十分讲究，运用的工艺手法古朴纯厚，产品具有北方特有的高雅气质。近年又开发出大幅紫砂板，刻制出工艺挂屏，有书法、花鸟、山水、装饰画等；做工细致，着色古朴，深受国内外用户欢迎。

　　喀左紫砂制品中，茶具、文具、彩绘花盘、釉面挂盘、花盆等品种一应俱全，它们造型美观、质地细腻、透气性好。

　　紫砂陶艺凭借陶土优异的物理特性，以及历代艺师的慧心巧手和辛勤创作，幻化出千姿百态、异彩纷呈的器形。面对琳琅满目的形制，可粗略地将其分为光货、方货、花货和筋纹器四大类。

　　光货就是各种大小高低不同的圆球形、圆柱形、圆锥形器皿，以深厚、饱满、朴实为特点；方货有四方、八方、六方、长方、侧角、抽角等形制；花货是以大自然为师法对象，将世间万物的形态经过简化或夸张后捏塑成器；筋纹器则是由瓜棱、花瓣、行云流水等自然界常见事物提炼而出的一种形制。其实，这些分类并不足以涵盖全部紫砂器造型，有很多陶器作品兼具两种甚至三种器形样态。

第三章

紫砂陶器

一 | 紫砂壶光货

紫砂壶中，光货造型最为常见。光货主要是艺人们根据点、线、面三要素，设计制作成各式圆柱形、圆球形、圆锥形等多种几何体的茶具。因此，光货造型又称为几何体造型。

光货以几何体为主体变化而来，讲究外轮廓线的组合，并用各种线条作为装饰变化，壶体光洁，块面挺括，线条利落。光货以自然淳朴、简练高雅取胜，以简洁的形态表达自己的生命力，深受人们的喜爱。

光货造型变化丰富，正所谓"方非一式，圆不一相"。特别是面、线与角的表现，或粗犷，或丰腴，或刚健，或清秀，呈现出不同的造型风格。

紫砂光货的装饰艺术，有刻、塑、雕、琢、贴、绘、彩、绞、嵌、缕、釉、堆、印、镶、漆、色、鎏等形式。虽然被称为光货，但其工艺却一点也不简单。

光货又可分为圆器和方器两种。圆器是运用各种弧线、曲线、抛物线的组合，变化出各种形态，可以说是紫砂壶中最基本也最富于变化的器形。

不同颜色、样式的紫砂壶

刻字圆柱体紫砂壶

　　圆器讲究"圆、稳、匀、正"，圆中要有变化，壶体本身以及附件的大小、曲直要得当匀称，比例要协调。基本型主要有圆球体、半面球体、圆锥体等。

　　常见的圆器壶型有掇只壶、掇球壶、一粒珠壶、君德壶、西施壶、石瓢壶、虚扁壶、葫芦壶、匏瓜壶、汉扁壶、仿古壶、汉铎壶、东坡提梁壶等。

　　紫砂光货虽没有华丽的外表，却以其朴素的自然形态、简洁明快的线条诉说着自己独特的造型语言，具有高雅脱俗的艺术魅力和独树一帜的文化风格。传统紫砂光货的代表作品有掇球、掇只、仿古、提梁、石瓢和孟臣壶等多种。

　　明代嘉靖年间太监吴经墓中出土的殉葬提梁壶，应是目前可见到的最早的光货造型。高庄教授与顾景舟合作的提璧壶，造型端庄周正，结构严谨工整，线面简洁明快，是光货中的上佳作品。张守智教授与汪寅仙合作的曲壶，曲线流畅，大方舒展，亦属佳器。

传统石瓢壶、虚扁壶，在高度有限的外轮廓线上做最大的转换变化，有张力，有精神，绝非一般水平的技工所能，亦极为难得。后人所摹各有千秋。

光货茶壶的创作充满理性的情致，于删削浮华堆砌的工艺中，追求清醒的艺术表现；在看似呆板机械的线与面上，用简约大方的审美理念，创造出生动严谨的艺术造型。这种手工技艺凸显了造壶者自身的品格修养和人生理念，使作品既赏心悦目，又发人深省。

光货造型的发展也促进了书法铭刻成为壶体的主要装饰手段，壶底、壶把、壶盖、盖唇，无不成为文人、艺人钤印的所在。将属于传统文化的诗文、书法、篆刻集于一体，更加贴近紫砂陶素朴天然的品质，同时将文人对生活、历史和社会的感悟，如电光石火，在小小的茶壶上加以体现，并传之久远，是人文精神在物质器皿层面的完美体现。

在光货上更能看出制壶者水平的高低，同一个造型、同一组外轮廓曲线，制壶者的水准高低，会有失之毫厘、差之千里的效果。现今制壶者采用模型帮忙，很大程度遮盖了造型能力的差异。

雕花扁体紫砂壶

宜兴窑石瓢紫砂壶

光货紫砂茶壶

二 | 紫砂壶方货

紫砂壶方货有四方、八方、六方、长方、随方、寓方、侧角、抽角等形状，其特点端正规矩、简洁挺括、严谨工整，技法处理干脆利落，力度透彻。

紫砂壶方器造型变化多样，古有"方非一式"之说。在基本形态的造型处理中，又可以根据高中低、大中小、粗中细演变成几十种不同的方器形态。

有人在处理方器造型时与圆器、筋纹器配合，可做到上圆下方，上方下圆，口方盖圆，口圆盖方；也可做到身圆嘴方，身方嘴圆，或是身圆把方，把圆身方等。总之，方器造型变化可随着艺人对形器的设计创意要求进行或圆或方的处理。

方器造型来源于器皿和建筑等题材，以书画、铭刻、印版、绘塑等作为装饰手段，要求轮廓线条分明，口盖规矩划一，壶体庄重稳健。成型方法主要为镶身筒成型法。四方桥顶壶、传炉壶、僧帽壶是其典型造型。

方形紫砂壶在工艺上比圆形紫砂壶更难把握，特别是纯手工壶，构思要合理，比例要得当，线条要流畅，非常考验艺人的功力，制作方形紫砂壶十分费时费力。方形紫砂壶不在乎有多少个面，更在乎层次感和立体空间感。

清代四方桥顶紫砂壶

六方边一捆竹紫砂壶

方形紫砂壶对泥料要求比较严格，通常以"底槽青"泥料制作，烧成后让砂粒在壶身上似隐似现，反而让人得到老而不枯、新而不嫩、粗而不润、娇而不艳的混沌感觉。这就是方货区别于其他种类紫砂壶的工艺特色。

紫砂方壶制作相当困难，尤其是以下几个方面：

一是壶壁的匀称性。如紫砂方货壶身的泥片厚薄不均匀的话，用明针很难弥补，容易使壶身凹凸不均。

二是结构的对称性。方货茶壶基本上采用对称的立体造型，有方形、菱形，也有混合造型，但结构上基本遵循对称原则，符合中国文化传统思维，也遵循东方美学逻辑，给人以立体美和粗狂奔放之感。

三是线面的挺括性。传统紫砂方货要求块面挺括，接缝处要呈一直线，壶身块面要求在一个平面上，从任何一个角度看茶壶都不能有凹凸感，这对艺人的工艺水平要求相当高。

　　四是角度的准确性。方货紫砂的壶嘴、壶把制作完成后，在与壶体相接时角度很难把握准确，一般制壶时会用到量角器辅助裁割，切面要求平整，使壶嘴、壶把平贴附于壶身上，连接处不能有粗糙感。

　　总之，方形紫砂壶制造工序复杂，片与片相接时较为困难，失败率高，其最关键之处，在于泥料要练得极为匀称。由于方形紫砂壶所具有的内部角度，使茶叶不易滚动，水流极易阻塞，但方器外观造型更为新颖，引人注目。因其难度较高，所以生产数量相对较少，观赏和收藏价值更高。

四方形紫砂壶

三 | 紫砂壶花货

　　花货又称仿真器、花色器、花器、塑器、花塑器、花壶，考古学称象生器，是把自然界动植物的自然形态，以浮雕、半浮雕和圆雕等装饰设计成仿生象形造型的紫砂壶。与几何形体的光货、端正规矩的方货、规则等分的筋纹器并称传统壶艺的主流造型。

　　紫砂壶花货取材于植物、动物、器物和人物，其中以植物、动物为多，其次是器物，人物较罕见。植物中有松、竹、梅、荷花、牡丹、菊花、石榴、海棠、桃子、葫芦、南瓜、西瓜、芒果、佛手、葡萄和荸荠等。动物中有龙、凤、鸟、松鼠、狮、虎、象、鸡、鸭、鱼等。器物中有秦钟、汉钟、宫灯、箬帽、石磨、井栏、舟船、包袱等。人物有老翁、僧家等。

　　花货中一部分为全部仿真，经艺术加工处理，运用捏塑、雕刻等技法，将壶体、嘴、把、盖等都制成仿真形，生动优美，具有浓郁的生活情趣。紫砂部分仿真器，指在壶体或嘴、把、盖、钮部仿真，如包袱壶、箬笠壶、龙柄风流壶等。

　　花货采用提炼取舍的手法，将生活中所见的各种自然形象和各种物象的形态设计成紫砂器皿造型。其造型规则源于生活，源于自然，而又高于自然，突出自然形态中富有美学价值的部分。

桃形紫砂杯

紫砂瓜形壶

花货是将自然形态微缩变化或经过艺术加工设计成器皿造型，最常见的是将松、竹、梅等形象制成各种树桩造型；或者在圆器和方器造型上运用雕、镂、捏、塑等手法，将自然形象变化为造型的部件，如壶的嘴、把、盖、钮；或者是在造型的显见部位施以浮雕或半浮雕的花瓣、枝蔓装饰，表现自然形态中美的特质和韵的灵动，并符合功能合理、视觉美观、使用安全的原则；还可巧妙利用紫砂泥料的天然色泽或不同泥色的配合，增强其装饰的仿真效果。

花货的关键是"花"字，是仿生对象众多的"花"，是技艺手法多样的"花"，也是品种花样繁多的"花"。紫砂陶艺家的花货创作叙事生情，可以表达感情、寄寓情怀。作者创作或以花生、核桃、菱角为灵感，或以葫芦、南瓜、桃子为启发，给人以解郁抒怀之感。

花货最常见的造型以松竹梅为主。劲松要枝干挺拔，气势铿锵；秀竹要娴静有致，俊逸潇洒；冬梅要主干苍劲，寒中独俏。树枝闲花以简为主，达到疏中见密、少里寓多、气息鲜活的艺术效果。

竹笋形紫砂水盂

紫砂南瓜壶

　　相较而言，紫砂花货的创作更强调艺术的想象力，没有活泼多样的艺术态势、宽阔独特的艺术视野，就不能拓展紫砂的题材领域，也不能开创花货造型的表现空间。

　　花货的神情体现在对仿生对象的提炼与取舍上，充满了民间艺术的原生态风情，代表作品有树桩壶、束柴三友壶、竹节壶、梅干壶等。手工艺人凭借丰富的想象力，把对大自然美好事物的陶醉之情、对社会人文精神的赞美之情，倾诉在手上的一团泥巴上，美轮美奂，或繁或简，用造型艺术畅叙对于自然美、对于信仰、对于天地正气的艺术表现和不懈追求。

　　花货在造型上注重象征手法的运用，不但"肖形状物"，更重"寄情寓意"。如以松为题，主要表达松的高洁、坚毅和苍劲的性格；以竹为题，着重表现竹不屈不挠、坚韧挺拔、高风亮节的君子风范。

　　花货的浪漫情致体现在仿生雕镂、捏塑的装饰上，或为花卉果蔬，或为松鼠鸣蝉，状物抒情的色彩、浪漫天真的表达，以及率意的构思、严谨的创作，都在此获得统一。

紫砂鱼化龙壶

　　没有花货，紫砂陶艺就没有浪漫风情，就会严肃有余而快乐不足；没有自然物象，就没有田园佳趣，也会少了泥土芳香。这是自然风物的会心，是艺术精神的飞扬，让生活因此充满不倦的惬意和高远的向往，于是我们听见了春天的歌唱，目睹了秋日的丰足，体味了盛夏的畅美。

　　花货在历史的传承和发展中，涌现了一大批壶史留名的制壶大家、薪火传递的代表人物和精美绝伦的经典之作。紫砂花器最早的记录是明代供春所制树瘿壶。树瘿壶的出现标志着紫砂与大自然结下了不解之缘，并由此形成独特的紫砂花货艺术。清初花货大师陈鸣远被誉为塑镂兼长、技艺超群的壶艺大家，他将日常生活中的菜蔬果品，如核桃、花生、板栗、玉米、荸荠、竹笋提炼到紫砂作品之中，洋溢着自然健康的情调和丰富快乐的田园情趣。

　　陈鸣远的南瓜壶，卷瓜叶为嘴，弯瓜藤为鋬，竖瓜蒂为钮，以瓜形为壶身，叶脉藤纹，刻画逼真，以俏丽的形制和精巧的手艺拨动了人们的心弦。项圣思的桃杯则构思巧绝，造型完美，诗文雅致，在古今壶艺中令人叹为观止。

　　清中期邵大亨的八卦束竹壶、鱼化龙壶等，无不精妙绝伦，被尊为陈鸣远后的一代宗师。清晚期黄玉麟、程寿珍、俞国良、范大生、冯桂林、江案卿等制壶高手，均有经典花货传世，为后人所推崇。

民国至新中国成立后，在"七大老艺人"中，裴石民的松段壶、菊蕾壶、莲心茶具，以及金蟾、田螺、葫芦、百果、金龟等文玩水盂，千姿百态，惟妙惟肖，惹人喜爱。他为缺盖供春壶配盖，为圣思桃形杯配杯托，被誉为陈鸣远第二。

冯桂林擅长以竹入壶，锐意提炼细节，巧为组合，变化多端，既有整体的完美气势，细部刻画也绝不含糊，生动地描绘了竹的生机，又能不逾规矩而为饮茶用具。

朱可心的云龙壶、松鼠葡萄壶、报春壶、彩蝶壶、松竹梅壶等，给人带来审美上的极大愉悦。

蒋蓉的牡丹壶、荷花茶具、佛手壶、青蛙荷花壶、石榴壶、长寿碧桃壶等，肖形状物，设色妍丽，象真感强，洋溢着浓厚的江南风情和乡土特色，令人爱不释手。

当代紫砂花器品种万千，千壶百态，层出不穷，展示了花器的繁荣，也表明了历史的承接。当代大师作品，如花货代表人物汪寅仙设计创作的仙桃提梁壶、岁寒三友壶、斑竹提梁壶、圣柏壶等，以及曹婉芬的怒放壶、四季流芳组壶等，都彰显了当代花货制作的精湛技艺和审美情趣。

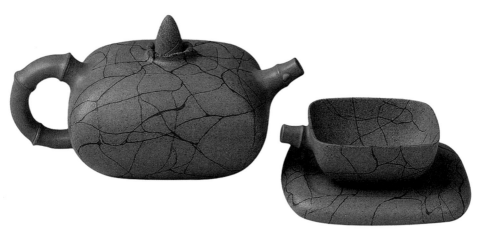

紫砂春笋茶具

紫砂蟠桃茶具

明代瓜形紫砂壶

四 | 筋纹紫砂壶

筋纹壶，又称筋囊壶，是以壶顶中心向外围放射有规则线条的紫砂壶，竖直线条叫筋，横线称纹，因此称为筋纹紫砂壶。筋纹壶造型别致，制作难度大，一直是紫砂壶收藏中的上品。

筋纹壶是茗壶造型艺术中具有代表性、形制丰富、影响较大的种类之一。将自然界中的瓜棱、花瓣、云水纹等形体分为若干等分，把生动流畅的筋纹纳入精确严格的设计当中，是筋纹壶的基本要求。

筋纹与筋纹之间的形体处理大致有三种：第一种是菱花式壶，壶身横向断面近似菱花铜镜的外形轮廓；第二种是菊花或瓜类的纹样，筋纹与筋纹之间是凸出的圆条状；第三种是第二种的变形，筋纹与筋纹之间呈凹进的圆条状。

无论哪一种，都要求每条筋纹要顺应壶体颈、肩、肚、足的变化而变化，间距和深浅达到高度统一，纹理清晰自然；对于壶盖的处理则更加严格，要密合准缝，盖子从任何地方盖上去，都通顺无窒滞，这一点最能看出工艺的高下。

筋纹壶具有整齐感、节奏感和生动感，通过线与线的交织与结合，给予人美感。规则的纹理组织，等分匀衡，齐整协调，线条顺畅，自然明快，具有强烈的节奏韵律美。

筋纹壶的造型依照大自然中的瓜果、植物花型进行塑造加工，比如瓜棱、菊瓣、菱花、葵花瓣等，运用几何比例分割和重合变化创作，筋纹线凹凸有致。常见壶型有菊瓣壶、合菊壶、葵花壶、柿子壶、核桃壶、合菱壶、狮球壶等。

筋纹壶的筋纹凹凸有致，规范整齐，其制作难度较高，要求纹饰通体自钮顶至壶心贯气如一、整齐秀美，并富有节奏感。筋纹常见有三、六、八、九、十二、十八、三十六瓣之分。可纵横变化分割，亦可作回旋处理，其口盖须能互相置换，平整合缝，且壶内、盖内与壶外筋纹一致。

从造型的角度而言，筋纹器是将壶体的俯视面划分为若干等分，一般是以钮为中心点向外放射而出，利用各式线条将规律流畅的筋纹整合成为一套精准严密的整体结构，在造型规则上要求"上下印对，身盖齐同，分割精确，纹理清晰，深浅自如"。

有些器形甚至要求口、盖、流、钮、把均须制成筋纹形，以使全器统一，纹理相称。要达到这样的要求，当然要对块面的分割比例进行高度严密的计算，并且在施艺过程中不可有任何差池，否则壶盖便不能达到"通转"的目的。所谓通转，即将盖与身随意旋转置换，均要能面面俱到，准缝严谨，而且通体协调，气势连贯。

由于需要以扎实的基本功为基础，且要耗费大量时间才能完成，所以近代有部分陶艺工匠采用"挡坯成型"的制作方式，如民国二三十年代上海仿制紫砂器的古董商，便曾提供机械制成的金属印模给仿古陶手，以提高质量。

宜兴龙形紫砂壶

就审美角度来看，由于筋纹器源于自然界的瓜棱、菊瓣，其意象也与之暗相呼应。在视觉美感方面，除了像其他壶型以侧面为主视外，更可由上方俯视，欣赏其辐射线条结构出的张力以及线面的转折过渡。此外，筋纹器通体凹凸起伏，规律有序，在光影的映射下，明暗的律动更显得委婉曲折，表情丰富，这是其他器形所不及的。

还有一类筋纹器形是在口盖部分制成圆形，壶身仍采用筋纹或云水纹理，如许龙文的风卷葵壶和邵大亨的鱼化龙壶均属此类。这类筋纹器在局部省略了线面分割的定律，佐以塑器的自由色彩，在感受上呈现出有节有序、有放有收的特性。

正因为筋纹器的技术性颇高，且瑕疵不易掩饰，所以对于艺术性的要求也很高。如何统合技术面与艺术面，制作出纹理清晰、气韵流畅的筋纹佳器，是对紫砂艺人的一大挑战。历代陶手中，擅长此道者不乏其人。

筋纹紫砂壶

菱花式紫砂壶

    紫砂筋纹器形的残片最早见于宜兴丁蜀镇羊角山古窑遗址的出土器皿，历经宋、元及明代早期无数陶工的开掘，逐渐演变成型。在明代中期以无名氏陶匠为先导，以时大彬、李仲芳、陈仲美、徐友泉等为杰出代表，最终在世人面前展现出筋纹器的特有形制。

    《宜兴陶器图谱》所录《砂壶考》云："邓秋板砂壶全形拓本，刻大彬菱花式壶，工巧有致。大彬二字楷书款。"菱花式壶以对称菱花瓣为造型特征，阴阳交间，凹凸分明，十二瓣纹清晰端正，制工亦十分严谨，可谓明代时大彬所创制的筋纹器代表作。

    香港茶具文物馆收藏题款为"万历丁酉春茗　时大彬"的玉兰花六瓣壶，精巧朴致，是紫砂筋纹器造型中的经典之作。此壶造型从茎形盖钮如花蒂状，逐渐延伸至壶肩壶身上部，气势饱满，浑圆如玉。花蒂下逐渐展开花瓣，至壶腹处膨胀至极，给人以心灵的震动。壶足亦呈展开状，壶嘴壶把如花茎延伸，自然和谐，呈完整玉兰花状。历来为艺人仿造，成为楷模。

玉兰花六瓣壶

　　时大彬的第一高足李仲芳是一位制作紫砂筋纹器的高手。现为弗里尔艺术馆收藏的"李仲芳"款瓜菱壶，从壶钮至身至脚均为筋纹，端正匀称，气度饱满。在筋纹的变化中，身以浑圆状为主，流把以方形为主，于变化中求统一协调，为紫砂筋纹器的发展做出了贡献。

　　时大彬的另一位弟子徐友泉也是制作紫砂筋纹器的高手。现存香港茶具文物馆"友泉"款仿古盉形三足壶，从仿青铜鼎造型入手加以改型，简练而大方，古朴而雅正，亭亭玉立，雍容华贵，于简练中求气度，开创了紫砂筋纹器的新风尚。仿古盉形三足壶文气十足，古色古香，以三瓣凹凸筋纹线自盖至身再至足，通体贯气，妙若天成，既保持了青铜器的古朴美感，又将紫砂泥料质朴优雅的特性发挥到极致，给人以非常古雅的紫砂茗壶美感。

　　徐友泉另一筋纹器作品葵花方壶，器形如瓜，底与口相对称，肚自收肩收腹处膨胀，至腹中呈菱圆形，凹凸有序，张力于角，自上而下，贯通一气，通畅自然，韵律节奏感十分贴切。口盖任意转换，吻合自如，将筋纹器的工艺表现得淋漓尽致。

李仲芳制瓜棱壶

葵花棱壶

同一时期的另一位制作紫砂筋纹器的高手是陈仲美。他的仿古作品、现存香港茶具文物馆的束竹柴圆壶，以残竹束柴组成壶器，用竹枝胥出为嘴，壶身捆竹中央高出一截为钮，把由拗竹枝节弯曲成型。壶身捆竹处理丰富自然，姿态百出，平实中见素雅，象形中见质朴，是紫砂筋纹器中较早出现的花货塑器作品。

　　陈仲美的盉形壶与徐友泉的仿古盉形三足壶粗看相像，细看却不然。其造型更简练自然，三足伸长收拢呈鼎状，壶身修长，纹路简单。壶口面平坦自然过渡至颈肩处，颈部矮短弧形顺舒至壶身，相互呼应，古拙自然，韵味十足，开创了摒弃繁杂、简练大方的筋纹新风。

陈仲美制紫砂壶

泥绘四方壶

紫砂菊瓣壶

　　紫砂筋纹器沿至清代，随着时尚习俗的变化而改变形制，包括方型、圆型、自然型、筋纹自然混合型、筋纹自然方型混合型等多种形式。历史上清代乾隆年间的宫廷用壶精品叠出，但大多佚名，菱花、合菊、半菊、菊形、葵式等为常见形式。

　　无论是方型、圆型、混合型，均用筋纹组成线条，盖与口瓣瓣相吻，筋纹表达从盖顶端放射到盖口，再舒展过渡至壶体，直至壶底，贯通一气。瓣面大小如一，腴而不肿。转角钝而不圆，呈现出匀称丰腴的宝相。

陈鸣远制四足方壶

紫砂芝硕壶

    清初的陈鸣远既是制作紫砂花货塑器的大家，亦是制作紫砂筋纹器的大妙手。他制作的筋纹器四足方壶现藏上海博物馆，仿古代青铜盉而成，外鼓的四楞形壶腹是完整的筋纹器形状，而下部的四柱形细足，与壶腹上部口径及盖面的变化，已不是筋纹器造型；至于嘴与把，一为直嘴形，一为玉龙形，及壶钮变异为横桥梁如意形，又与壶身的筋纹状形成鲜明对照，既夸张又不失古意，是一件演化变异的筋纹器佳作。

    印款为"清·乾隆"的芝硕壶与陈鸣远的四足方壶如出一辙，亦是壶外表上有明显的变异演化。器身分六瓣筋纹，表面肩部呈浑方状，张力十足，壶内有明显的筋纹模式，自底、口、盖至身全以六棱筋纹贯成一体，但壶的外部特征却由于壶盖面贴塑瓜叶呈六瓣形曲状，饰以红缨垂下，犹如六个流苏状的缨络，瓜叶面渐宽而改变了筋纹凹凸一体、简狭窄条的形状，让人有耳目一新之感。三弯嘴和四方耳软把，更是改变了传统筋纹器的造型套式，使人感受到筋纹器与方圆结合体的妙用。凝重、厚实、古朴，可谓清早期筋纹器的特征。

至清中期，邵大亨八卦龙头一捆竹的出现，将紫砂筋纹器的创作推向一个崭新的局面。八卦龙头一捆竹现藏南京博物院，是紫砂筋纹器的经典代表作品之一。此壶创意深邃，立意鲜明，极富中国传统文化意韵，将易学哲理巧妙地构思于紫砂壶上。壶身至壶足由细竹组成，工艺严谨，意境自然，凹凸有致，错落大方，筋纹特征十分明显。

　　壶盖面及壶底由阴阳八卦图案组成，阴阳太极钮端立壶中央，起到画龙点睛的作用。壶流、壶把饰以飞龙形状，制技精美，繁简疏密有致，显示了壶艺家的技艺和文学修养。

　　如果说陈鸣远的作品打破了筋纹器的原有格局，那么邵大亨的八卦龙头一捆竹更是匠心独运，发展了筋纹器的形制理念。

邵大亨制八卦龙头一捆竹

民国时期紫砂筋纹器代表人物为王寅春。他自 20 世纪 30 年代后期起在上海创制紫砂筋纹器茗壶新款，并特制口盖样板等制壶工具，所创半菊壶、梅花周盘壶、六方菱花壶、六瓣高瓜酒具、菊球壶等作品严谨工整，规矩挺括，风格简练，一丝不苟，是近代杰出的制作紫砂筋纹器代表人物之一。

特别是后期创作的裙花提梁壶，王寅春充分发挥自己精而巧、精而小、精而雅的技艺特点，既庄重古朴，又飘逸优美，清秀端丽，别致独到，成为王寅春创作生涯中最成功的紫砂筋纹器作品之一。

裙花提梁壶器身为椭圆形，下部为六瓣纹饰，凹凸相间，口饰云肩线与腰圆盖板相吻合；盖面贴饰如意菱花，点明主题；中间壶肩处贴饰百结绳纹，多种技法集于一壶；配以三弯流方嘴，扁方体提梁乘势而立，俏丽俊秀，朴实无华，呈现出敦厚、浑朴、融圆的气象。

王寅春制半菊壶

裙花提梁壶

宜兴筋纹紫砂壶

宜兴现代筋纹壶

紫砂五竹壶

　　此外，冯桂林的五竹壶将筋纹器的创作又推向新的境界。五竹壶颇有现代设计观念，壶整体似一段竹，四周竖立一节劲竹；中间竹节分割，平中有意，筋纹线有贯穿、有分割，变化十分丰富；壶嘴向上顺势伸展，呈高风亮节之态；把用一竖杆二横杆组成，壶钮形似壶的主体而缩小。寓圆于方，构思奇特，稳重大方，古朴韵致。该作品以崭新的筋纹器结合竹器的姿态面世，创作影响甚大。

　　当代紫砂艺人对紫砂筋纹器的创作亦情有独钟，在紫砂筋纹器的造型理念、设计风格上下了很大功夫，创制出瓜棱壶、水仙壶、中汀合菊壶及很多仿古款型。

紫砂水仙壶

　　当代艺人曹婉芬制作的水仙壶是在传统基础上的创新之作。整体造型上既不失传统，又富于新的艺术活力。壶钮至壶盖，壶盖至壶身，壶身至壶脚再至腹底，总共有十八瓣花瓣组成。内外一致，一凹一凸，"八""发"为谐音，富于吉祥之寓意。每瓣精工细作，圆润玉洁，规范统一，既有苍劲刚道、挥洒自如的风韵，也有庄重古朴、丽质天姿的风格。

　　瓜棱壶继承紫砂传统，壶身、壶盖、壶钮为筋纹菱花造型，阴阳交合，布局严谨，以十六瓣花瓣均匀分布，巧妙安排。阴线随壶身抛物线而起伏，阳线则流畅胥出。口盖沿处菱花边，圆润而致密，每一处阴阳面均可自由复合。整体端庄浑厚，简朴中见自然，典雅中见风姿，是当代紫砂筋纹器中较为成功的作品。

　　对于刚接触紫砂壶的朋友来说，紫砂壶内涵丰富，知识繁杂，喜爱却又不知从何下手，那就先从形状上下手吧！熟悉器形，再多看大师作品，慢慢地就会了解紫砂壶的泥料、工艺、神韵等知识，从而挑到适合自己的壶。

　　我们在日常生活中，常见的经典壶型主要有供春树瘿壶、西施壶、半月壶、石瓢壶、仿古壶、井栏壶、掇球壶、掇只壶、秦权壶、龙蛋壶、提梁壶、瓦当壶、僧帽壶、鱼化龙壶、南瓜壶、报春壶、松竹梅壶、佛手壶、荸荠壶、风卷葵壶、西瓜壶、牡丹壶、寿桃壶、提璧壶、竹段壶、松鼠葡萄壶等数十种，它们都经历了时间考验，以及历代爱壶人的审美洗礼而终成经典。

第四章

经典壶型

一 | 供春树瘿壶

供春树瘿壶以外形酷似银杏树瘿状而得名，树瘿就是树瘤。这种壶的造型模仿树瘿，壶面凹凸不平，有树皮模样的刻纹。壶身作扁球形，泥质成素色，古绉满身，纹理缭绕，寓象物于未识之中，大有返璞归真的意境。

供春树瘿壶整体呈暗栗色，是明代制壶大家供春创制的一种壶式，传世极少，价值极高，有"供春之壶，胜于金玉"的赞语。现藏于中国国家博物馆的树瘿壶，部分专家认为是供春手制，是现在能看到的最早的紫砂茶壶实物；发现时缺盖，后由裴石明配上灵芝形壶盖，故称灵芝供春壶。

壶盖止口外缘刻有四十五字隶书铭文："做壶者供春，误为瓜者黄玉麟，五百年后黄宾虹识为瘿，英人以二万金易之而未能，重为制盖者石民，题记者稚君。"

供春树瘿壶

灵芝供春紫砂壶

二 | 曼生十八式

曼生十八式是由"西泠八家"之一，清代书画家、篆刻家陈鸿寿所设计，紫砂艺人杨彭年、杨凤年兄妹亲手制作的经典紫砂壶款式，因陈鸿寿字曼生，故名"曼生十八式"或"曼生壶"。

曼生壶不止十八式，至少有四十种样式。一般曼生壶底有"阿曼陀室"印章，壶把下有"彭年"小印章。当年陈鸿寿确实手绘了一批紫砂壶样请杨彭年等人制作，但数字并非十八，世人所以用"十八式"的说法，仅仅是习惯而已。

曼生壶是文人与艺人珠联璧合的典范，以文人特有的审美取向，将诗词的意境、书法的飘逸、绘画的空灵、金石的质朴有机而生动地融入紫砂壶。曼生壶简洁明快的造型、深刻隽永的题铭，连同书法篆刻、布局章法都值得后人细细品味，它使紫砂壶艺术

曼生十八式诗壶

曼生十八式诗壶

宜兴窑陈鸿寿制紫砂壶

达到炉火纯青的境界，也使文人紫砂壶升华为融合多种文化元素的绝佳载体，令后人叹为观止。从此它便以纯粹文人化的身份跻身艺术珍品之列，被紫砂界奉为珍品。

陈鸿寿把金石、书画、诗词与造壶工艺融为一体，相得益彰，形成了独特而成熟的艺术风格，开创了文学、书画、篆刻与壶艺完美结合的先河。曼生壶也在壶史上留下"壶随字贵，字依壶传"的说法。

传世曼生壶，无论是诗，是文，或是金石、砖瓦文字，都写刻在壶的腹部或肩部，而且满肩、满腹，占据空间较大，非常显眼，署款"曼生""曼生铭""阿曼陀室""曼生为七芗题"等，也都刻在壶身最引人注目的位置，显得格外突出。

曼生壶造型繁多，各有铭文，并富有深刻的寓意和哲理。石瓢壶铭"不肥而坚，是以永年"；提梁壶铭"煮白石，泛绿云，一瓢细酌邀桐君"；笠荫壶铭"笠荫暍，茶去渴，是二是一，我佛无说"；葫芦壶铭"为惠施，为张苍，取满腹，无湖江"；合欢壶铭"八饼头纲，为鸾为凰，得雌者昌"；匏瓜壶铭"饮之吉，匏瓜无匹"……

当代制壶艺人沿袭其壶式，制作出石瓢壶、石铫壶、半瓦壶、高井栏壶、半瓜壶、横云壶、乳鼎壶、天鸡壶、匏壶等。存世作品较多，赝品也较多，赏鉴收藏时要注意考辨。

三 ｜ 西施壶

　　中国古代的四大美女——西施、王昭君、貂蝉、杨玉环，其中西施当属四大美女之首，是美的代名词，丰姿婀娜，貌美倾城，令人赞叹。在紫砂壶界，也有一种壶称为"西施"。顾名思义，此壶应和西施一样美，或者说，这种壶的灵感来源于西施。

　　西施壶原名文旦壶，据吴梅鼎《阳羡茗壶赋》说，文旦壶中格调高雅者名为"西施乳"，言壶之形若美女西施之丰乳。事实上此壶式也确实像极美少女丰满的乳房，壶钮像乳头，壶流短而略粗，壶自近底处内收，一捺底。后来也许觉得"西施乳"之名不雅，便借壶把为倒耳之形，改称"倒把西施壶"。

　　西施壶是紫砂壶器众多款式中最经典、最传统、最受人喜爱的壶型之一。此壶型用细腻泥料制作，壶身圆润，截盖，短嘴，倒把，憨态可掬，实为品茗把玩的佳品，是紫砂爱好者必收的壶型。

　　这一壶型在紫砂壶的史料中是有明文记载的，最早做此壶型的当属徐友泉，亦即时大彬的弟子。明末清初的吴梅鼎给了徐友泉极高的评价，称"若夫综古今而合度，极变化以从心，技而近乎道者，其友泉徐子乎"。

紫砂西施壶

紫砂西施壶

四 | 半月壶

半月壶又称瓦当壶、半月瓦当壶，以半个月亮为壶型，线条简净，点、线、面过渡自然，浑然天成，是紫砂壶中的一款经典壶型。

半月壶属曼生十八式的经典壶型之一，以质朴无华、典雅端庄而独占一席之地，从古至今长盛不衰。壶身犹似半个初出的月亮，器形稳重、简洁，又不失柔和之美。

半月壶壶底平整，端庄稳重；壶钮做工细腻，嵌盖严谨，子母线严丝密缝；整个壶浑然一体，协调一致，并满足实用要求。嘴流短粗匀称，嘴头有些微收缩，不仅增添了柔美气韵，实用性也得到极好的彰显；倒把随身势，与壶嘴的流势相应和。

半月壶制作精细，素净的火器、细腻的材质、简练的线条，塑造出美好的形象。观此壶，形态优美，犹如坐临山川日月，光辉璀璨，美景尽收眼前，令人目不暇接，叹为观止。

　　"海上生明月，天涯共此时。"唐朝诗人张九龄的名句，在构筑美妙意境的同时，也给曼生壶艺创作留下极大的想象空间，并通过紫砂壶来诠释对生命、文化和艺术的理解。

半月瓦当壶

曼生制此半月壶，意在警示世人：凡事，全则半，半则全，欲求十全十美，反而不及，无为而为，反倒有益，退一步海阔天空，曲则全，枉则直。极富人生处世之哲理。

　　所谓"明月千里寄相思，半月万里思更浓"，半月壶器形协调和谐、舒张简洁、前呼后应，一张扬、一内敛，张弛有度，表达了中国传统文化中对"月圆人圆"的向往。

半月瓦当壶

半月壶

半月壶壶式古朴典雅，壶嘴、钮、把各部件的结合之处比例和谐，壶身饱满呈半月形，有端庄古朴之意。短弯流、圆乳钮，壶把粗壮，加底。它的线条、装饰可以激发出人们对唐诗、宋词意境的向往，或是一份期盼。这期盼来源于心灵对团圆的渴望，捧此壶在手，不禁会让人遥想起古人"此曲只应天上有，人间能得几回闻"的佳句，而半月壶正如那天上的明月，是落入凡尘的佳品。

五 | 石瓢壶

石瓢最早称为石铫,"铫"在《辞海》中释为"吊子,一种有柄、有流的小烹器"。铫从金属器皿变为陶器,最早见于北宋大学士苏轼《试院煎茶》诗:"且学公家作名饮,砖炉石铫长相随。"

苏东坡把金属"铫"改为石"铫",这与当时的茶道有着密切的关系。苏东坡贬官到宜兴蜀山教书,发现当地的紫色砂罐煮茶比铜、铁器皿味道好,于是就地取材,模仿金属吊子设计了一把铫用来煮茶,即后人所称的东坡提梁壶,可谓最早的石铫壶。

那么,紫砂石铫是何时称石瓢的呢?这应从顾景舟时期说起,顾引用古人"弱水三千,仅饮一瓢"的寓意,认为石铫应称石瓢,由此相沿均称石瓢壶。

石瓢是紫砂传统经典款式,可细分为子冶石瓢、景舟石瓢、红华石瓢、汉棠石瓢等,但最终万海归宗,同出一源,应为曼生所创十八式之一。

紫砂石瓢壶

紫砂石瓢壶

石瓢壶壶身呈梯形，曲线柔和流畅，造型浑厚朴拙。足为钉足，呈三角鼎立状支撑，给人以轻灵中见稳重之感。壶身八字造型，形成一个主视角度内的呈型表面，亦曲亦直，皆显现简朴大方的气度。

直流，简洁见力度，多为暗接处理，融于壶身整体。把多呈倒三角势，与壶身之型互补，形成和谐的美学效果。平压盖，桥钮，干净利索，比例恰当，充分体现出秀巧精工为上的特点。

石瓢壶款初见于杨彭年制，曾分别与陈曼生、瞿应绍等人合作，诗书画印于一壶。杨彭年所制石瓢有高、中、矮之分，有圈把、提梁之别。与陈曼生合作弧曲面的曼生石瓢，朴茂祥和；与瞿应绍合作直坡面的子冶石瓢，刚劲明快；与朱坚合作虚盖的石梅石瓢，浑厚高古。

更经典的壶款是文人雅士有感而发，将诗书画印集于壶身，格调高雅，时称三绝壶。一提梁款为唐云藏于八壶精舍，一款藏于上海博物馆。

顾景舟制作、吴湖帆与江寒汀书画的石瓢壶，是当代紫砂壶中的扛鼎之作，曾创出紫砂史上的神话，拍卖价折合人民币为一千多万元。景舟石瓢虽是仿古之作，但大师不因袭传统，将毕生修为了然于胸，机杼独运。强化浑圆之身，压低拱形桥钮，蓬勃沉雄，待势而发，神完气足，极具现代审美趣味。

六 | 仿古壶

传统器形的壶里，人们最赏识的除了石瓢就是仿古了。关于仿古壶的由来，有很多种说法：一说是清代邵大亨初创，另一说此壶最早为近代赵松亭按吴大澂授意所制，还有一说是顾景舟潜心钻研传承。

邵大亨制此款壶，称为仿鼓壶。细观器形，上下约缩，腰略鼓，状如一扁鼓。此外，邵景南曾制有太极鼓壶传世，两者眉目之间多有相似之处，想必是此款壶式之名的最初由来。

顾景舟壮年精力旺盛时，曾以此款大亨壶为楷模，心追手摹，潜力钻研，得益良多。可能是敬先人之遗风，又可能"古"通"鼓"音，后多以仿古壶称之，多含追慕之思。

顾景舟的仿古壶融入新意，壶身要比大亨仿古壶整体扁一些，但正如他教导弟子造型法则，再扁的紫砂壶壶身都有肩，有腹，有足。顾景舟的仿古壶肩部有圆润的转折，如同明式家具中的肩，发出紫砂材质的光泽。腹并非常人所为的抛物线一泻到底，而是抛出后有收回的弧线，这种收几乎不易察觉。而足要立，只要翻看壶底，就能感觉到足的挺立和有劲；唯有能立的足，才能使那么扁的壶身在桌上立而不塌。

顾景舟仿古壶处处俊俏挺拔，通体自然天成，与大亨仿古壶相比，有人说一个是小生，一个是老生，味道不同。这也从侧面说明顾景舟在仿中创造出属于自己的新格局，就古而寓新意，实属难得。

紫砂仿古壶

紫砂仿古壶

紫砂仿古壶

七 | 井栏壶

　　井栏壶是曼生壶系列之一，顾名思义，其造型源于井栏。井栏是水井四壁用"井"字形木架从下而上垒成，紫砂工艺师按照井栏的轮廓制作了井栏壶。

　　井栏壶方中有圆，圆中有方，壶形简约美观，流畅大气，深受人们的喜爱。井栏壶造型古朴、端庄、典雅，短流、圆把，其流短小而偏上身，出水甚好，圆润中透出古朴、"笨拙"的韵味。

　　井栏壶寓意深井有如文山书海，知识有如井水取之不竭，唯不停汲取，才能修身养性，颐养天年。

八 | 掇球壶

掇球壶是典型的几何型传统圆壶式，也是紫砂壶代表款式之一。"掇"有拾取、选取、获取之意，也通"缀"，即连接之义。因此，掇球实际上就是选取若干球状体并将其按一定美学法则连接起来。

从整体造型来看，掇球壶似乎并不像球，但细细分解无不取之于球。壶身就是一个大球，当然有的壶适当将其形体压扁一些，这是为了整体美的需要；壶盖是半个球，盖钮又是一个球，而壶嘴及壶把则是截取球上的一段弧。

然而，假如仅仅是凭借这几种全球、半球、球中一段随意拼拼凑凑的话，那又成了一个怪体。我们的先人异常聪明，他们在拾取之后进行加工、改造，然后进行美的更迭。

来看壶身，若是一个滚圆的球，按照透视学的观点，它的最亮点应该是球体的中间，这个亮点至上而下，左右应该是等距离的。然而，掇球壶却将壶腹稍稍往上移了一点，这就使壶身更显挺拔俊秀，以壶身扛起了壶嘴与壶把。这种几何学上的比例，我们的制壶先辈虽然没有说出什么道理，可他们知道必须要这样，否则的话，这壶做出来就太丑相了。

紫砂掇球壶

壶肩至壶口必须有一个直挺的过渡与衔接，壶口与盖的相接要有线条承载，否则壶盖就没有一个根基所在。壶盖虽为半球，但又不是绝对的，可以根据需要作适当的切割。盖钮也是如此，但从整体上看必须是球形，换成桥形、扁形、方形都显得不伦不类。

壶流必须一弯半，口小根大，与壶面的连接很自然，仿佛从壶体上转折过去。壶把要从壶肩开始，逐渐由粗变细，引至壶下腹而收，这样整个壶看上去犹如行云流水，非常畅达。

掇球壶一身素气，光滑可鉴，以简练的形体展现出美的内蕴。假使在壶身、壶盖处刻上字画，就会显得画蛇添足了。有人也这样做过，但在历史上却留不住痕迹，自然被淘汰出局。

紫砂掇球壶

紫砂掇球壶

九 │ 掇只壶

　　掇只壶是紫砂壶造型中特有的一种壶型，最早出自宜兴制壶大师邵大亨之手。其造型像是把许多球状和半球状堆积到一起，由于"掇"在汉语里有连缀堆叠的意思，因此这种造型的壶被称为掇只壶。

　　邵大亨制掇只壶，壶身长近一尺，高过六寸，容量约两千五百毫升。壶色浑厚深沉、莹润如玉，造型古朴端庄、气度不凡，充分体现了邵大亨精妙绝伦的制壶技术，被誉为紫砂壶中的"兰亭序"。现藏于上海四海壶具博物馆，为镇馆之宝。

紫砂掇只壶

十 | 秦权壶

秦权壶是清代时制作的紫砂壶，制壶人是林园。秦统一六国后统一了度量衡，"权"是用来称重的秤砣，秦权壶便是仿其外形。此壶泥色深红，秤砣式形制，短流，环耳形把手，嵌盖微鼓，钮似桥顶，整体简练、古朴、大方。把梢印"韵石"，底印"林园"。

林园将秦权钱与紫砂壶巧妙地结合在一起，整体造型为秦代秤砣样式，构思精巧，器形大气。一弯嘴短而爽利，大耳形壶飞把拿捏得手。整款壶以全截面接地，器形稳重完整，线条简洁流畅。

整款壶极其简练、古朴，桥钮压顶，与壶身形态相应和；可以看出钮状略平、显内敛、沉稳，正切合秦权古韵。此壶透露出生活的智慧和幽默，桃源卖茶，买家带秤，带的是一把秤砣形的紫砂壶，既买又赏，何等潇洒不羁！如此壶铭，不仅文辞高雅，而且既切壶又切茶，从而升华了秦权壶的魅力，确是一件难能可贵的精品。

此壶为传统经典器形，自诞生之日起，人们就被它简洁的造型、沉稳的气势所吸引，无论壶艺人还是紫砂壶爱好者，都趋之若鹜，是为数不多的几乎每个艺人都会临摹的器形之一。

清代申锡制石楳铭梅花秦权壶

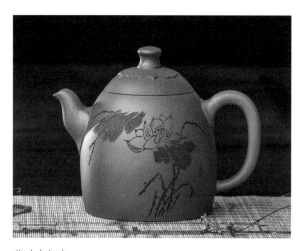

紫砂秦权壶

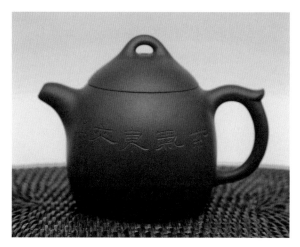

紫砂秦权壶

十一 | 茄段壶

　　自然界的瓜果蔬菜是花货作品重要的创意源泉。茄子最早产于印度，后传入中国。最早的茄子都是圆形的，元代以后才培植出长条形茄子。

　　茄段壶的造型灵感来自枝头成熟的茄子，壶身仿佛一个饱满的圆茄子，壶嘴和壶把中规中矩，亮点在壶盖和壶钮，特别是壶钮，酷似茄蒂，造型多变，为整个壶增添了灵动的气韵。

　　壶面充分表现出紫砂的种种优越属性，色泽暗淡沉朴，如紫水晶般深邃，又如古玉般温润。若要达到较高的艺术表现力，最好使用特级紫茄泥。欣赏茄段壶可以感受到自然的韵味，体会到生活的魅力。

紫砂矮茄段壶

紫砂茄段壶

十二 ｜ 水平壶

　　水平壶是广东、福建一带喝功夫茶的器具。喝功夫茶时，必须将壶放在茶碗或茶海内，用沸水浇淋茶壶的外面。为了使壶浸在水中时能保持水平状，制壶坯时不仅壶嘴和壶把要协调，重量也要均衡一致，故称为水平壶。

　　水平壶在众多壶型中较为特殊，按造型，它属于光货中的圆器，圆腹、环把、流直、球钮；按大小，它属于微型壶。历史上制作水平壶的名家是惠孟臣，所制大壶浑朴、小壶精妙，因此也有人把水平壶称为孟臣壶。

紫砂水平壶

十三 │ 虚扁壶

    虚扁壶是紫砂传统全手工成型中较为难得的器形，各个时代都有名家临摹创作，佳构不绝。行话"造型扁一分，成型难一分"，从围身成筒形开始，就要用"泥拍子"逐步拍扁，力要匀，扁又不能塌，对于全手工操作技巧是一个极大的挑战。

紫砂矮虚扁壶

十四 | 笑樱壶

　　笑樱壶是紫砂壶中的经典壶型之一，流传甚广，皆因其张力十足，为人所喜爱。看外表也许会觉得平淡无奇，但由于形体轮廓、结构比例、细部处理都安排得当，恰如其分，造物造境，经得起长久玩味，具有永恒的艺术魅力。

　　笑樱壶源自明代，形制沉重扎实，有种绝不妥协的硬汉风格。壶名出自"婴宁一笑"的历史典故，表现了传统文化中"君子和而不同"的精神内质。

　　笑樱壶中不乏大师作品，"紫砂七大老艺人"中的王寅春、朱可心、顾景舟在20世纪六七十年代都有类似创作，因各自对壶体高低以及壶流、壶把、壶盖等比例的理解不同，而展现出不同的韵味。

　　其中最有名气的是顾景舟的笑樱壶作品，其壶略微扁圆，折腹隆肩，形体雄健，线条流畅，尤显丰满柔和之美。选用天然纯紫泥而作，泥质细而不腻，色泽紫而不姹，润泽腴丽，是壶艺光素器中的珍品。

紫砂笑櫻壺

十五 | 德钟壶

德钟壶壶型为钟，以邵大亨所制最有代表性。器形端庄稳重、比例协调、结构严谨、泥色紫润，为最佳天青泥之呈色。德钟壶的技艺手法已达紫砂传统技艺的巅峰，壶身手感极佳，触摸舒服，造型简洁质朴，一洗清代宫廷之繁缛习气。

紫砂德钟壶

十六 | 龙蛋壶

　　龙蛋壶是紫砂壶器形中的经典，其圆滑可爱的造型深受壶友喜爱。以"龙蛋"命名，是一种美好的祝愿与寄托。圆润可爱的造型、吉祥美好的寓意，让龙蛋壶展现出一种拙味和稚气。龙蛋壶做工小巧精致，壶身光滑圆润，通体为蛋状，短嘴为直流状，倒把拿捏方便，扁圆珠钮。

紫砂龙蛋壶

十七 │ 潘壶

潘壶源自一个名为潘仕成的广东人。潘氏嗜好饮茶，其订制的紫砂壶形制固定，且惯于将印款落于盖沿之上，壶底及其他处反而不落款，所用印款均为阳文篆字"潘"印。

由于潘氏声名远播，世人乃将该形制紫砂壶称为潘壶。壶型有三款，分别标为高潘、矮潘、中潘。壶腹作扁柿形的是矮潘；器身稍高，近扁球形的是中潘；器身高，近梨形的是高潘。

紫砂潘壶

十八 │ 周盘壶

　　周盘壶的创制，功在曼生先生。罗盘虽如铜勺，表面圆通，却坚持己见，曲直合一，乃为人之道。此壶圆润而不失刚劲，周盘暗蕴太极，有形而无穷；大视野、宽胸怀，任凭大风大浪，我自岿然不动。坡颈平口，平盖扁钮，泥质红润，遒劲中出媚姿，纵横中见遗韵，肃然绝俗；寓意为人处世，宽容大度，能屈能伸。

清代周盘壶

十九 │ 提梁壶

提梁壶是壶器中的特殊门类，中国传统审美理论中的虚实结合、有无相生，在提梁壶中被反复使用，受到许多壶友喜爱。提梁壶为紫砂壶中极为重要的一支，历来佳作精品不断，如吴经提梁壶、东坡提梁壶、鹧鸪提梁壶、大彬提梁壶、曼生提梁壶等。

宜兴窑场中流传最广的莫过于"东坡提梁"。实际上东坡提梁冠以苏子之名，不过是小说家言，其前身为任伯年刻花卉提梁壶，结合传统单把提梁、双把提梁，几经改制而成。

东坡提梁的款式可粗略归纳为两叉在前，一叉在后，再以梅枝融入提梁造型，采用仿生手法加以捏塑和贴塑；再加上一些雕刻手法，配合壶面文辞陶刻，共同组成整件作品。

紫砂提梁壶

紫砂提璧壶

　　大彬提梁为明代制壶名家时大彬所作。壶身呈上小下大的安定型，肩部转折舒缓，足部转折急遽；大圆提梁的虚空间适度而明显，嘴、钮都是六方形，与敦实浑厚的壶体形成对比；通身无一点多余修饰，观之令人叹服，足见其功力之深厚。

　　曼生提梁又称石铫提梁，是曼生十八式中的重要器形之一。壶身与提梁比例各半，由下至上形成近梯形状；中间由肩上圆弧、隆起的半圆盖和高桥钮加以变化、缓冲，配上长直嘴，使得整壶静气有神，线条清晰明确。提梁内圆外方，与壶身衔接自然，配以诗词则更添雅趣。

　　鹧鸪提梁壶的造型为扁圆形壶身，把手为见棱见方的三柱高提梁，从侧面望去犹如一只飞鸟的头部，创制者顾景舟将其命名为鹧鸪提梁壶，寄托了自己深厚的感情。

二十 | 瓦当壶

瓦当壶仿汉代瓦当式样，造型独特，以几何线条为主，成型规范有致，线条流畅准确，壶身多有铭文，意境古朴，格调幽雅。

紫砂瓦当壶

二十一 | 僧帽壶

　　僧帽壶为元代创制的陶器造型，因壶口形似僧帽而得名。壶型口沿上翘，前低后高，鸭嘴形流；壶盖卧于口沿内，束颈、鼓腹、圈足、曲柄，具有浓郁的少数民族风格。元器形体敦实，壶颈较粗，壶流略短；明器壶流较长；清器壶颈略高，腹部略瘦。

仿古僧帽壶

二十二 | 洋桶壶

紫砂洋桶壶

洋桶壶是紫砂茗壶里较为常见的一类，以古朴大方、典雅素淡的风格为世人所欣赏。它造型简练、线条顺畅、块面精巧，而且使用方便，适宜把玩，便于提携，融艺术与日用为一体，为众多茗壶爱好者接受、喜爱、收藏，是紫砂光货素器类的经典作品。俞国良、汪宝根、储铭、顾景舟、何道洪等人为紫砂洋桶壶的流行、发展做出了较大的贡献。

紫砂洋桶壶自清末民初至20世纪70年代，在壶界、茶馆、好壶者、收藏家眼中，既是首选日用佳品，又是鉴赏艺术珍品。名家制作的紫砂洋桶壶一直是人们追逐、使用和收藏的目标。

顾景舟制铜把提梁洋桶壶，冲茗温和典雅，茶汤韵味悠扬；养泡日久，泥色由棕色变幻为古黯肝色。

二十三 ｜ 葫芦壶

　　葫芦壶是曼生十八式中的一款，深得艺人们喜爱，更是玩家的收藏佳品。时下最珍贵的作品当属杨彭年制套环钮葫芦壶，这款壶器身洒冷金斑，壶腹阴刻行书铭文，由陈曼生、杨彭年两人默契配合所制。

葫芦壶

二十四 ｜ 美人肩壶

　　美人肩紫砂壶宛如古代女子端庄可爱，带些宫廷贵妇的雍容华贵，又不失大家闺秀的灵秀端庄。造型饱满，大方得体，以丰满圆润的壶身为主，壶盖与壶身仿佛合为一体，用手抚摸，能感受到它的温度。

　　美人肩壶壶把绰约，壶流柔和；整体端庄清丽，轻盈优美，好似美人盈盈而动，清扬婉兮，美目盼兮。其饱满圆润的身躯、流畅优雅的线条，有盛唐美人之风韵。它是泡茶利器，冲泡扬香力特高、轻快而利落，茶汤紧结柔滑，回甘强，韵味悠长。

　　美人肩作为传统器形，由清代老作品演化而来，被陶家视为最难掌握的造型之一。

紫砂美人肩壶

二十五 ｜ 汤婆壶

　　汤婆壶器形古拙，有明季遗风，壶型简到极致，但实用性很强。壶身饱满，壶壁挺秀，端庄古朴。看似纯实用的茶器，却蕴生出美学上的高点，使观赏者油然生出摹古之情。

紫砂汤婆壶

二十六 | 鱼化龙壶

鱼化龙壶是典型的传统壶型，也叫龙壶、鱼龙壶、鱼龙戏浪壶，蕴涵飞黄腾达、平步青云的理想。鱼化龙，即鲤鱼跳龙门的吉祥传说，工艺界常以此题材进行创作。

鱼化龙壶造型构思巧妙，鱼、龙、云的装饰与壶身浑然一体。通身作海水波浪状，线条流畅，简洁明快；鱼龙吐珠，神韵生动。壶盖安装的龙首伸缩自如，优美灵活，配以龙尾执柄奇趣极生。

紫砂鱼化龙壶为明代壶艺名家陈仲美所创，后经清代壶艺高手邵大亨改进，成为一种成熟并广泛流传的经典壶型。后人所仿，多以邵大亨改进后的鱼化龙壶为本。仿得最多的是清末艺人黄玉麟和民国艺人俞国良。

鱼化龙壶的制作因名家不同而特点各异，如邵大亨的龙不见爪，而黄玉麟、俞国良的龙爪清晰可见，唐树芷的龙爪也不见；邵大亨用堆浪钮，其后的黄、俞、唐又都改成云形钮，具有一定的时代特点。

清乾隆年间制鱼化龙紫砂壶

二十七 | 南瓜壶

　　南瓜壶是紫砂壶中很常见的一种款型，是艺人从大自然中汲取灵感所创制的壶型。南瓜是一种外来的瓜果食材，传入中国甚早，常被中国人用来祝颂子孙生生不息，事业昌盛兴旺。

　　宜兴地处江南鱼米之乡，物产丰富，因此紫砂常以此为题材。南瓜壶以瓜体为身，瓜蒂为钮，藤为流把；壶身贴塑茎、须、叶，纹络逼真细致。瓜棱匀称饱满，盖与身上下贯通，弧线优美，和谐自然。这种可爱的壶型一经创制便代代相传，造型大同小异，却又各具特色，颇受壶艺爱好者的青睐。

紫砂南瓜壶

二十八 | 报春壶

报春壶属紫砂重要器形，更是十大经典茗壶之一。它是朱可心大师于 20 世纪 70 年代初首创的一壶多种装饰的新壶型。报春壶的造型有很多，如松报春壶、梅报春壶、竹报春壶、桃报春壶等。

报春壶的基本形制为鸡心形壶身，底部高足线，高颈、压盖式，口盖子母线骨肉亭匀，流、钮、把雕塑梅、竹、松、桃等题材。雕塑装饰以少胜多，大面积留白，意境深邃隽永。

报春原意是立春前一日及立春当日，让人扮演成春官、春吏或春神的样子，于街市、里社道路上高声喧叫"春来哩""春到哩"，将春天来临的消息报告给邻里乡亲。报春民俗的另一层用意在于把春天和句芒神接回来。紫砂工艺师根据这一民间风俗，凭借大胆的想象和高超的设计水平创制了报春壶。

报春壶的壶盖、壶把和壶嘴以树木为形，壶身却为圆坛形，显示出美丽逼真的特点。特别是壶嘴像劲松一样向上傲立，代表着松树的顽强生命力和不屈不挠的精神，同时也喻示着春天到来和大地复苏，树木伸开枝干迎接春天。

以梅花报春为题的报春壶，在挺秀饱满的壶身上，运用雕镂和捏塑等多种手法，生动地刻画出梅花不畏风霜严寒之英姿，端丽稳重，精致传神。

紫砂报春壶

紫砂报春壶

二十九 ｜ 松竹梅壶

　　松、竹经冬不凋，梅则迎寒开花，故称岁寒三友。松、竹、梅一向深受手工艺人以及壶友的爱慕，以及文人墨客的追捧。

　　梅壶的流把以梅桩造型，壶身以梅枝装饰，器形端庄，堪称雅致。梅壶色泽肃穆，泥质细腻适手，乃是纯正泥料所制；紫泥亲茶性极好，用来冲泡乌龙、普洱都极合适，为生手最爱。

　　整款壶上丰下敛，圈底收缩，卷沿，与壶口一致。截盖，壶盖略微隆起，梅桩造型的壶钮搭接呈桥形，更有小枝自壶钮胥出，甚是生动。三弯流一侧胥出一枝梅，贴于壶壁之上，幽幽生香。

　　除了梅花造型，竹子装饰的壶同样不俗。竹壶的流把为竹节造型，壶钮与壶嘴均有竹枝胥出，竹韵悠悠，清秀动人。松壶的造型同样不同凡响，松枝造型的壶嘴、壶钮胥出松枝，松枝乃是绿泥装饰，更有树瘿突出，生动逼真。

松竹梅紫砂壶

松竹梅紫砂壶

三十 | 佛手壶

　　佛手壶，又称双色佛手，是紫砂艺人以佛手为原型创作而成的一种花式紫砂壶。

　　佛手壶的创意来源有两种，一种要从龙门石窟说起。在龙门石窟有一座雕塑，佛手纤如兰花，创作者见此雕塑心中灵感一现，想到《西游记》中的如来佛，正是这只佛手神通广大协助唐僧西天取经。为还原《西游记》中佛手的原型，创作者研制出经典器形佛手壶，而紫砂壶的神韵便如同这佛手，优美流畅、舒展自然。

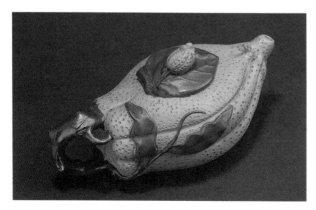

紫砂佛手壶

另一种关于佛手壶的创意源于一种叫五指橘的水果，我国南方各地常见，宋代已有栽培，果实形似人手而多指，故有"佛手"之称，更被人寄予吉祥幸运之意。

　　佛手壶最早由清末范占、范锦甫制作，其形状如同五个手指握在一起，是一种仿生器造型，瓜蒂与叶连接，巧妙地表现了紫砂的含蓄与自然。

　　后经蒋蓉大师的再创新，使其结构更加合理。最明显的特征是强化了佛手与壶嘴的结合，以及花生做的壶钮，突出主题，使作品更富美感，并适于品茗鉴赏。

　　佛手壶以佛手果实和枝叶成形，壶把形似枝条，弯转的把梢处向壶身伸出叶子。壶嘴尤为精彩，嘴四周的手指形状俊俏，紧簇壶嘴。壶盖上的钮是一个小佛手，与壶身谐调统一。壶身上还疏密有致地散布着一些凹点，形象地表现出佛手的神态，具有极高的艺术性。

紫砂佛手壶

三十一 | 荸荠壶

　　荸荠壶为蒋蓉大师创制，形状取自荸荠。荸荠俗称马蹄，又称地栗，属浅水性宿根草本，以球茎作蔬菜食用。荸荠营养丰富，为人所喜爱，以荸荠为壶型，贴近生活，不仅构思新颖，而且将中国传统饮食文化融入壶中，堪称精妙。

　　蕴涵童趣的荸荠壶，以凝重的朱红泥料塑出壶身，给人以成熟健康的视觉享受。荸荠壶的设计可谓匠心独运，摹写自然，升华艺术，犹见不凡功力。造型在忠实于荸荠原形的基础上，根据壶的特性，用完美曲线形塑成扁圆壶，既不失动感，又姿态稳固。壶身的红泥质感光滑圆润，视觉上繁简相宜、线条自然、动静统一，与螺旋翘起的壶钮和谐地组成一个憨态可掬的大荸荠。

　　蒋蓉大师在造型上不求形似，而是以艺术夸张的手法，将荸荠的细微之处，以逼真的精雕彰显出来。荸荠芽状的壶钮更是点睛之处，让人看了会产生想要提一提的冲动。

在荸荠这一器形上自然流畅地配上壶嘴与壶把，是非常不容易的。为了使人工的壶嘴、壶把与天然的荸荠形壶腹相配，蒋蓉大师选择了与荸荠相伴而生的植物茨菰的叶与梗之形，以墨绿泥制成嘴和把，浑然一体，妙趣天成，可谓神来之笔。

蒋蓉大师的荸荠壶，让人惊叹的是每处细节都逼真无瑕。远观使人思绪飘然，近看会觉得妙趣横生，如同久逝的童年时光，会被"荸荠"钩沉而起，涌上心间。由此可见，创作者需要永葆一颗纯净的童心，真正的艺术只能在纯净的心灵中诞生。

紫砂荸荠壶

三十二 | 风卷葵壶

　　风卷葵壶相传是清朝制壶大家杨彭年的妹妹杨凤年所制。虽然杨彭年是制壶高手，但当时的规定是艺不传女，所以杨凤年刚开始时对制壶一无所知。有一次，杨凤年想到作坊拿一把壶浇花，刚一进门便被哥哥轰了出来，说是女人不能进这个地方。杨凤年心里委屈，立志一定要学会做壶。从此，杨凤年专心制壶，一学就是好几年。当她能够照着以前的样式做出壶时，又觉得这不能显示其真本事，便一直想着要创作新样式。有一年秋天，刮了好几天的大风，花园中的花草被吹得乱七八糟，这时杨凤年看到在一枝花干上顶着一只"壶"，但样式此前从未见过。定睛一看，原来是自己种下的锦葵花，被风吹歪了又挺起来，花瓣被吹得拢在一起。四周的花皆被摧残，只有锦葵花依然如故，始终不散，于是杨凤年以此为形，经过无数更改后最终制作出风卷葵壶。

　　风卷葵壶用天青泥制成，紫檀色中微微泛蓝，观之温润如玉。壶身取风卷葵花的造型，壶上的六瓣葵花均匀开放；壶嘴以两片葵叶装饰，纹理清晰可辨。造型独特，典雅别致，玲珑精奇，制作工巧，色泽光亮；图案规则有序，曲线顺和流畅，形态自然逼真，气韵妙趣生动，整体端庄大度，风格古朴雅致。

杨凤年制风卷葵壶

壶把为葵藤造型，有棱有角，自然逼真；壶盖饰以两片卷叶，和谐统一。流卷葵叶，钮饰葵干，壶把以葵茎枝叶扭曲延伸，与壶身、壶盖所饰筋、纹、叶、茎协调和谐；器形手工艺砂味十足，韵味浓厚，为当今紫砂界公认的经典之作。

风卷葵壶的造型在清康熙时期已成熟定型，据说是在虚扁壶的基础上贴塑加工创制出来的，可知贴塑的工艺手法在康熙时便开始流行。风卷葵壶面世后，杨凤年没有重复再做，因此成了独件珍品。目前风卷葵壶收藏于宜兴陶瓷博物馆。

紫砂风卷葵壶

三十三 ｜ 西瓜壶

　　西瓜壶由工艺大师蒋蓉创作而成，将生态与形态巧妙结合，具有雅俗共赏的生命力。翠绿的西瓜上爬满道道墨绿条纹，一根瓜茎天然弯成壶把，瓜上还贴着两条卷须及嫩黄的西瓜花。

　　为创作这把壶，蒋蓉大师曾五次深入瓜田，仔细观察西瓜的生态、造型，加上自己炉火纯青的花货绝活，终使西瓜壶成为壶中绝品，以及后生临摹的蓝本。

　　蒋蓉大师创作的西瓜壶，经过艺术的再创造，形象逼真，充满田园风趣，尤其壶身采用泥料特有色泽制作出西瓜的纹理，给人一种如临清凉夏日之感。

　　壶身小巧浑圆，皮色花纹碧翠晶莹，神似皮薄漂亮的小西瓜，让人感受到清凉甘美之意。嵌盖设计，壶钮虬曲，瓜藤、瓜茎塑造壶嘴、壶把，壶把外攀出一张墨绿的瓜叶、一朵嫩黄色小花，两枝卷须逼真自如。

　　整款壶简化形态，临摹意境，充分利用取舍手法，既美观实用又富有艺术魅力，堪称出神入化，给人无限的遐想空间。

紫砂西瓜壶

蒋蓉制紫砂西瓜壶

三十四 | 牡丹壶

　　牡丹壶也是紫砂大师蒋蓉的代表作之一。牡丹雍容华贵、端庄富丽，引发人们诸多联想，派生出与之相关联的一系列文化象征意义。

　　牡丹壶以牡丹的花朵作为壶身，朵形饱满，似在欲放未放之际，片片花瓣，团聚向上，充满生机活力；壶盖则在花蕊侧瓣开出嵌盖，使花朵整体天衣无缝，一只欲停欲飞的蝴蝶点缀其上，既是装饰，又成为壶之盖钮。

　　牡丹壶化朵底部以多片肥壮的牡丹绿叶相衬，壶嘴以叶片团卷而成，自然贴切；又以牡丹枝干盘曲成壶把，曲线富有弹性和活力；叶茎、叶脉清晰，线条舒展流畅，如玉雕般的质感，映衬出大红牡丹的富丽堂皇。

　　点睛之笔是壶盖上的"抓手"——一只扑闪的彩蝶。它简直是一个令人嫉妒的小精灵，你似乎能触碰到它五彩斑斓的蝶衣上的绒毛，甚至被它身上熠熠生辉的流光所感染。

　　壶把制作同样别出心裁，用新老枝梗衬托花朵，以表现牡丹的自然之美。整个作品构思绝妙，栩栩如生，令人不得不叹服创作者的精湛技艺。生活的情趣、大自然的美丽，与紫砂壶的实用性完全融为一体，巧妙的构思令人拍案叫绝。

　　蒋蓉大师以其独到的功力，运用花货造型之长，把牡丹花的天然丽质刻画得惟妙惟肖。这把取名"牡丹"的茶壶一经问世便广受好评，被誉为"壶中瑰宝"。

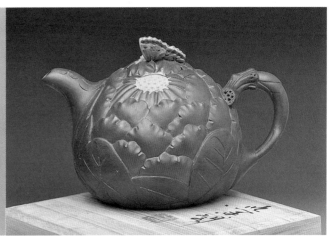

蒋蓉制牡丹壶　　　　　　　　　　　　　　现代牡丹壶

三十五 ｜ 寿桃壶

寿桃壶的造型取自寿桃之形，从神话故事和现实水果中提取元素，是花货的经典形式之一。

寿桃壶的壶身线条，无论从哪个角度看均成抛物线状；整个壶身圆润饱满似一颗大寿桃，以硕大丰满的寿桃为主体，扁圆丰满，令人垂涎欲滴。尖端为壶嘴，壶盖上竖一小桃，折枝为钮，惟妙惟肖，充满生活情趣。

壶身圆润，底部以桃枝为足稳固壶身，桃枝连着桃叶，贴塑在壶身上。壶身正面有桃叶迎风飞扬，大有托着小桃乘风而去、飘飘成仙之势，栩栩如生。

此壶最妙之处，在于把壶把塑造成桃树的树干，树干蜿蜒，形成弧度自壶底贴壁向上伸展，树瘿与虬枝裂开的孔洞如鬼斧神工，盘根错节，沧桑有味。如此则将有形寓于无形之中，令此壶的意境与艺术感顿增。壶体敦厚饱满，曲张有致，气度浑朴大方；雕刻工艺娴熟，信手拈来，气畅神怡，实为不可多得之珍品。

紫砂寿桃壶

紫砂寿桃壶

三十六 ｜ 仿竹紫砂壶

以竹为题材的紫砂壶器形很多，就壶型而言，有梅竹、一捆竹、竹节罐形提梁、竹节提梁、双线竹古、圆竹提梁、竹提、扁竹、扁竹提梁、圈竹、新竹、高竹顶、四方竹段、四方抽角竹顶、圆竹段、竹节、小型竹节、竹根、竹鼎、五竹等。

这些壶型都以各种形式表现了竹的刚直、潇洒、飘逸，成就了一件件生动的紫砂作品。这恐怕与国人对竹有着特别的欣赏和爱好有关，也表现了浓郁的东方文化色彩。

历代紫砂大师都曾以竹为题，留下珍贵的存世作品，如明代陈仲美的束竹柴圆壶，清代蒋万泉制作、陈曼生铭文的竹节壶，邵大亨的八卦束竹壶，陈凤年的竹段壶，范章恩的高竹鼓壶，近代冯桂林的五竹壶、四方竹段壶，吴银根的竹段壶，朱可心的竹节壶、竹节提梁壶、竹梅壶，陈荫千的竹节提梁壶，汪寅仙的斑竹提梁壶，李碧芳的双色三竹壶，都是紫砂收藏中的珍品。现代以竹为题材的大师作品更是琳琅满目，不胜枚举。

老竹段紫砂壶

仿竹紫砂壶

三十七 | 龙头一捆竹壶

　　龙头一捆竹壶是紫砂壶经典款式，由明代邵大亨最早制作。其胎泥材质细腻，呈紫褐色，莹润古朴；采用调砂工艺，壶面砂质明显；除了茶壶的基本用途外，还在结构上反映了易学哲理。

　　壶胚体做成似有六十四根细竹围成的样子，根根匀粗，工整光洁；壶腰以一根圆竹紧紧束缚，稍见凹注；每一根竹子和竹绳之间都可以插针，活灵活现，仿佛竹绳真的捆住了竹子。壶的内壁呼应壶身造型，也是六十四根竹子。

　　口部壶周用细篾丝贯穿，产生编竹印象。平底四周以腹部伸出的八根竹子做足，做成连体带状，十分协调，还增强了壶身稳定性。不仅如此，四组壶足还平分壶身为四区，每区八根竹子，以此表现"易有太极，是生两仪，两仪生四象，四象生八卦"。

　　压盖表面做凸起八卦形象，壶钮周围缀上四片弧形泥片表明四象，中央为太极图式，颇有匠心。壶流、壶把饰以飞龙形象，制技精美，含义深邃。壶底依照古代易学文献刻河图洛书，表达八卦来源，可谓一壶掌乾坤，是抽象与具象的完美统一，堪称紫砂艺术极品。

龙头一捆竹壶

龙头一捆竹壶

　　关于龙头一捆竹壶的来历，宜兴当地流传着一个动人的传说。原本竹子是一种长在海里的植物，有一天，东海龙王巡视四方，路过宜兴，见到当地人生活艰苦，温饱都难以解决，但他们又都非常淳朴善良。龙王于心不忍，想要帮助他们，于是就叫自己的小儿子送一样既能用又能吃的东西给当地民众，以帮助他们解决生活困难。龙王的小儿子遵照父亲旨意，将生长在大海中的竹子捆上一捆，绑在自己的龙角上带到人间，由此宜兴南麓的山上长出了一片片竹林。

竹子浑身都是宝，竹笋可以食用，竹子可以制成各种生活用品，从此竹子和宜兴百姓的生活变得密不可分。龙头一捆竹壶就是邵大亨根据这一传说创作出来的。

当代壶艺大师顾景舟最崇拜的就是邵大亨及其名作龙头一捆竹壶。他在《宜兴紫砂珍赏》中写道："他精彩绝伦的传器，理趣、美感益然，从艺者观之赏之，如醍醐灌顶，沁人心目；藏玩者得之爱之，珍于拱璧，不忍释手。他一改清代宫廷化繁缛靡弱之态，重新强化了砂艺质朴典雅的大度气质，既讲究形式上的完整、功能上的适用，又表现出技巧的深到，成为陈鸣远之后的一代宗匠。笔者自习艺开始，以之为毕生孜孜于斯道技艺的楷模，揣摩端倪，悟其真谛，遂得以奠定基础。"

龙头一捆竹壶的最大特征是首次将龙的形象融入紫砂壶艺，为紫砂壶艺创作赋予了更广泛的祥瑞题材。龙头一捆竹壶不仅是珍宝级紫砂壶，更是极为罕见的清宫御制紫砂器。道光六年，道光帝平定张格尔叛乱，正是意气风发之时，于是吩咐内务府置办礼器，庆祝功绩。内务府奉上数百器皿，道光帝对龙头一捆竹壶情有独钟，大加赞赏。

一捆竹紫砂壶

三十八 │ 菱花式壶

　　最早的菱花式壶是根据水生植物菱花的形状艺术加工而成的，也受到唐代铜镜纹饰样式的影响。史料记载，明朝万历年间制壶大家董翰首创菱花式壶，后相继出现了合菱、偏菱花、束带菱花等作品。遗憾的是，董翰的作品并没有流传下来，而清代的陈鸣远承接这缕流风余绪，其制作的紫砂菱花式壶幸运地流传至今，现藏于北京艺术博物馆。

　　陈鸣远的紫砂菱花式壶器形略扁，通体采用驼色段泥制作而成，质地细腻，色调沉稳，具有古朴典雅的审美韵味。钮、盖、身、口均为六瓣菱花式，筋纹肌理清晰、舒展、有力，把上圆下方折，上方起翘。无论平视还是侧视，都富于变化。

　　壶钮、壶盖、壶口、壶身与壶底整体呈现横向半剖的六瓣菱花式，因此也称为半菱壶。其造型十分规整，筋纹劲爽，口与盖吻合紧密，没有毫厘之差，显示出高超的制作技艺。壶盖的顶部中心有一圆形出气孔。壶身一侧置短弯流，另一侧为曲柄。柄的设计十分巧妙，上部圆弧形，下部方折内收，顶起飞翘，生动而不失沉稳，俏丽又不显流俗。

　　壶的外底中心刻楷书"鸣远"二字，并钤"陈鸣远制"阳文篆书方印。印款刻工娴熟，书法雅健，苍劲有力，具晋唐楷书之风范。无论造型、款识、工艺与神韵，均为其他同类作品所难以企及。

　　菱花式壶反映了陈鸣远作品造型的独特之处，用富于变化的线、面、体表现壶体的主视面，通过周视效果来表现整体统一感。主体与虚空间关系得当，壶把在壶体比较适度的位置回转构成内形空间，与壶体形成恰如其分的虚实对比。陈

陈鸣远制菱花式壶　　　　　　　　　　　　　陈殷尚款菱花式壶

鸣远世袭家传，并有所继承，将壶艺发展到登峰造极的境界。这把菱花式壶不仅是其代表作品，也成为后来制壶家们的范本。

宜兴窑陈殷尚款紫砂菱花式壶是一件清代乾隆年间的紫砂壶。此壶菱花筋囊式，长弯流，曲柄；五出边菱花式盖，宝珠钮；底有"陈殷尚制"四字隶书印章款。深栗色砂泥，砂质极细，色调纯正。

所谓筋囊就是将自然界中的瓜棱、花瓣样式分成若干等分的出筋纹，并纳入精确规范的壶体设计当中。款识中的陈殷尚是清初紫砂名匠，善于制作筋囊形茶壶和形制多样的文玩清供。此菱花式壶筋纹饱满挺直，由顶至底毫厘不差，非一般匠人所能为之。

还有一种扁菱花壶，通体呈菱花式，盖身浑然一体，分六瓣组成，上下对称。棱线凹凸分明，有棱有廓，权衡比例，秀丽可爱。壶式由线云壶变化而来，桥钮与菱花瓣相融，嘴作菱花式，十分自然。壶把弯曲恰体，端握方便。壶腹中央束一方腰带，整个棱线自壶顶至壶底相交成一点，分毫不差。壶盖六面可置换，十分严密，技艺精湛。

三十九 ｜ 松梅桩壶

梅桩壶是一种传统经典花器，造型独特，紫砂泥胎，呈深栗色。壶身、流、把、盖全部由仿生态的残梅桩、树皮及缠枝组成，如同一件强而有力的雕塑。壶上的梅花采用堆花手法，将有色泥浆堆积塑造成型，栩栩如生。

梅花象征坚忍不拔、百折不挠、奋勇当先、自强不息的精神品质，几千年来，上至达官显贵，下至布衣将相、文人雅士等，无不对梅花深爱有加。

松桩壶拥有劲松的气度，造型通体作松树桩形，树皮剥落之处斑驳嶙峋。壶流与把手以松树枝巧塑而成，枝干、树瘿刻画得精细入微，自然生趣。盖以松树枝作钮，与壶腹浑然一体。

松象征刚直、坚毅的高尚气节，与竹、梅并称岁寒三友，它的君子品性令无数文人墨客为之倾倒。古往今来是众多艺术家争相表达与诠释的意象，因此松桩壶也备受推崇。

梅桩紫砂壶

169

四十 | 提璧壶

　　提璧壶因其壶盖面似一古雅玉璧而得名，又称提璧茶。代表作为顾景舟提璧壶，底钤阳文篆印"景舟七十后作"，盖印"顾景舟"。

　　壶体扁圆柱形，平盖，扁圆钮，扁提梁；微曲线造型，结构严谨，刚中带柔，和谐匀称；虚实节奏协调，是当代紫砂茗壶珍品，也是顾氏毕生的经典之作。

　　提璧造型古典雅致，以微曲线组成。壶身的基本形态为玉璧形之放大，壶盖为玉璧实形，壶钮为一缩小璧形。壶身、壶盖、壶钮寓重复于变化之中。钮形饱满，形成微微凸起的曲面，壮丽旷达。

　　盖面平弧抽凹，双曲线运用得当，错落有致。壶口用一道云肩抽线和壶身分隔，颈项跌宕，挥洒自如。壶肩面平弧展开，端庄稳重。壶身向里微微收拢，豪放自然。

　　底部收拢，支点缩小，托起壶身，更显丰富活泼。壶流从底部弧线顺势胥出，修长微曲。提梁凌空而起，虚实相间，曲直刚柔，极具匠心。壶把空间以方寓圆，符合中国人天圆地方的传统审美观。

紫砂提璧壶

顾景舟制大提璧壶

顾景舟制提璧壶

提璧技法精妙绝伦，代表了顾景舟一贯的严谨作风。工艺成型采用独成体系的手工拍身筒法，泥片厚薄均匀，清水嵌底片、嵌盖片，无一隙缝差异。流、把均用"钻孔塞泥"明接传统手法结合"连体"暗接法。

壶身表面以压、刮、勒、削、推等工艺手法精工细作，整体圆浑朴质，顺畅飘逸，肌理丰富，骨肉亭匀；口盖配合严密，通转无隙；轮廓线面精细入微，顺畅自然。

提璧壶在材质、造型、工艺技法、日用功能上都妙笔生花，处处显力，格调清新，风韵别致，不愧为紫砂光货体系中素器裸胎艺术的杰出代表。

提璧紫砂壶

四十一 | 传炉壶

　　传炉壶属于紫砂光素器的范畴，器身形状以方器为基本形，但方中寓圆，比一般方器多了一份圆润之美。就制作难度而言，四方传炉壶成型难度相当高，可谓紫砂陶器中最具挑战性的器形之一。

　　四方传炉壶俗称四脚猪，其"猪脚"自然是最明显的特征。四脚猪的壶盖延续了全器造型特征，多为方形圆角，一般采用压盖形式；制作精良的壶盖要能四面通转无碍，而且面面俱到，能接续全壶气韵。至于壶钮的处理则有桥形、笠形、圆方形等形式，取决标准除了要便于掀盖、隔热，更要顾及与器身的整体搭配是否协调。

　　几乎所有传炉壶的底足皆采用钉足形式，且多属短柱型。即使是小小钉足，各家作法也见差异，有的耿直如圆柱，有的呈倒梯形，有的尖削如粽角，各具特色。

　　壶把都是端把形式，未见有提梁或横把者。其端把均为上粗下细的正耳把式，常见于方器的方形端把因线形不搭，故未见采用。

　　尽管四脚猪造型讨人喜欢，但偏向于男性用壶。主要原因是这种矮胖端把壶式在装满茶水时显得十分凝重，从力学角度来看，单凭拇指与中指捏把、食指压盖的"优雅执壶"手势几乎不可能操作。较常见的使用方式是将大拇指轻压壶盖，再将其余手指视把圈大小，适度扣住壶把，由此进行茶事操作。

传炉壶有着青铜器般的威严与稳重，式度端庄，风格雅致，隐隐然有古风气韵，堪称佳品。它古朴典雅，曲线强劲，浑厚端正，是方中有圆、圆中寓方的典范，要想做得比例恰当、珠圆玉润、骨肉挺均实属不易。自古以来宜兴众多制壶艺人均有制作，但公认传炉壶最为难做，这也是此壶市面上比较少见的原因之一。

　　制作传炉壶，陶手多采用镶身筒技法做成粗坯，再将上下左右逐一拍圆，所以从纯手工制作的四脚猪内部四侧，一般可看出四条泥片相接的突起接线。壶嘴的造型难度也很高，方中带圆，圆里寓方，再加上多为三弯流式，在处理上倍增挑战。壶嘴攸关全壶气势、整体造型，更涉及实用层面，所以四脚猪的壶嘴最能看出陶手的技艺修为与美学涵养。

　　四脚猪传炉壶的壶身宽广，提供了书画铭刻的最佳空间，传世四脚猪传炉壶常见的手法是一侧刻上人物、花鸟、山水等国画图案，另一侧则刻上行书、草书、隶书等诗词短句，或刻以钟鼎石刻拓本、博古图录等古趣盎然的图样，饱有传统文化的意味。

　　传炉壶另有一种善用泥料色相变化的装饰手法，先以紫砂或红泥为本色制坯，外层再裹以一层蓝绿泥，这样就充分体现了紫砂的纯朴本色。

石生刻段泥传炉壶

当代传炉壶

　　紫砂壶在陶瓷发展史上占有十分重要的地位，它不仅是一个喝茶的宝器，也是中国传统文化的象征。在实际价值方面，每把紫砂壶的原料都非常宝贵，每块泥料都来之不易，要经过漫长岁月的提炼，有"一两紫砂，一两黄金"之说。随着紫砂壶文化的盛行，越来越多的人加入把玩、收藏紫砂壶的行列。

　　近年来紫砂壶在拍卖市场上行情看涨，成了具有收藏价值的"古董"。名家大师的作品往往一壶难求，正所谓"人间珠宝何足取，宜兴紫砂最要得"。有了艺术性和实用性的完美结合，紫砂壶才显得如此珍贵，令人回味无穷。紫砂壶泡茶的好处和茶禅一味的文化，又增加了紫砂高贵不俗的雅韵。

第五章

鉴赏收藏

一 | 常见误区

紫砂壶的知识在壶友之间口口相传，也有很多在网络上传播，但其中鱼龙混杂、真伪难辨，甚至有些伪科学被广泛传播。这里给大家介绍一些常见的紫砂壶保养、选购等方面的误区，感兴趣的小伙伴一起看看吧！

紫砂壶误区一：紫砂壶只有宜兴才有

"宜兴紫砂"只是地理标志，同"喀左紫砂"一样，只能说明其他地区不能使用"宜兴紫砂"的名义来宣传自己的紫砂产品，但不能说明其他地区生产的紫砂壶就是假货。与其纠结于产地，不如看产品的实际质量。

紫砂壶误区二：紫砂壶的原料已经很稀缺

紫砂壶的原料根本不稀缺。紫砂壶产业确实是个资源性的产业，高等级的好泥料只会越用越少。有些极好品种的泥料已经枯竭，但是普通级的原料实在是太多了。

紫砂壶误区三：到宜兴本地才能买到物美价廉之壶

其实哪里都能买到物美价廉的紫砂壶，关键要看你是否找对了地方，找对了人，是否真正懂紫砂壶。千万不可迷信原产地，要知道，一个聪明的经营者要保护自己长久的合作方，他不会因为一次生意而损害与合作方的价格约定。

紫砂壶误区四：紫砂壶的茶垢没必要清理

紫砂壶内部的茶垢堆积时间长了会产生有害物质，对身体不好，紫砂壶外部需要擦洗干净，紫砂壶内部也需要及时擦洗干净。

紫砂壶误区五：紫砂壶作为摆件只看不用

有些人买了紫砂壶就放在家中陈列架上作为摆件观赏，其实紫砂壶首先是用器，哪怕再名贵也是一把壶，何况只有使用后等它出包浆，才能看清楚紫砂壶真正的韵味和魅力。玉不雕不成器，紫砂壶不使用也不成"器"。

宜兴紫砂茶壶

紫砂壶误区六：某个品种的泥料是最好的

紫砂壶的泥料有许多品种，每个品种都有自己的特性，可以说各有千秋，各有优缺点，不能绝对说某个品种的泥料就比其他泥料要好。泥料的种类如同水果的种类，可以说这个苹果好，那个苹果差，但是不能说苹果比橘子好或差。

紫砂壶误区七：某种泥料的壶泡茶最好喝

根据众多紫砂壶爱好者的实践经验，大家还没有一致肯定过，某类泥料做的紫砂壶泡出来的茶就是最好喝的。但是大家可以尝试一下，不同泥料对应不同种类的茶，会对茶汤口感、香气产生不同的影响。

紫砂壶误区八：凭照片就能判断一把壶的真伪和好坏

鉴别一把紫砂壶的真伪，单凭照片是绝对不可能完成的，紫砂壶的鉴别必须以看到实物壶为依据。当然有些一眼假的除外，比如有些根本就不存在的泥料叫法之类。

紫砂壶误区九：新的紫砂壶使用前一定要谨慎开壶

传统紫砂壶讲究开壶，但当下生产的新壶只要简单处理，即可算作开壶了。现在的紫砂壶窑不像过去使用煤或柴等能源，要通过开壶来去除紫砂壶的土腥味和窑气味。现在多数用电窑，环境干净，所以只要把壶内的杂质冲洗干净，用开水烫一烫就可以使用了。

仿竹紫砂壶

仿古紫砂壶

紫砂壶误区十：购买紫砂壶的前提是先考虑它的收藏价值

对大众来说，购买紫砂壶首先应该考虑的是它的使用价值，而不是收藏价值。紫砂壶的收藏价值是兼顾而不是主要方面，就如同大多数人购买房子，首先要考虑自己怎么住得舒服和出行方便，至于房子的升值是兼顾考虑的项目，而不是主要项目。

紫砂壶误区十一：使用过的紫砂壶要放在密闭盒子里

紫砂壶最好不要在密闭的盒子里长期存放，存放在干燥通风处会更好。紫砂壶具有较强的透气性，容易吸收气味，不管是新壶旧壶，放盒子里都可能吸收木盒、纸盒的各种杂味。将用过的壶密封保存，可能会因为没洗干净而产生霉变。

紫砂壶误区十二：茶叶和茶水放在紫砂壶里过夜，有利于养壶

紫砂独特的性能确实能长时间保证茶汤不变质，但是时间过长肯定会有变化。隔夜的茶水最好别喝，而且把茶水放在紫砂壶里过夜，很容易因为自己忘记了而让茶水长时间存放在紫砂壶里变味发霉，所以最好能及时清理。

紫砂壶误区十三：有专门的机器可以制作紫砂壶

紫砂壶的制作工艺只有全手工和半手工。拉坯工艺、模具灌浆工艺不能用在以纯紫砂为原料的壶上。因此，更不可能有什么专用机器了。

紫砂壶泡茶

紫砂壶误区十四：紫砂壶窑变不可以人为制作出来

紫砂壶最早在窑里发生窑变，这个情况是人力不能控制的，而且这种现象也十分罕见。自然窑变的紫砂壶是不可能人为控制并且大批量生产的。现在通过人为控制可以制作出所谓的窑变壶，但这类壶不应该称为自然窑变壶。

紫砂壶误区十五：用一把紫砂壶泡各种茶

一把紫砂壶只能泡一类茶，同一把紫砂壶是不能混泡不同茶叶的，不能今天用它泡红茶，明天用它泡铁观音，后天用它泡绿茶。因为紫砂壶具有很强的吸附茶味的功能，如果用不同品种的茶叶泡，它吸附的茶味就很杂，将来再泡茶，茶水的味道就不纯正了。

紫砂壶误区十六：不擦洗茶垢能快点养出包浆

紫砂壶外部应该擦洗干净，如果让茶垢长期沉积在壶外部，当你擦拭时会发现壶很亮，但是这种亮不是真正的包浆，我们叫它"贼光"。贼光通过专业擦拭布是能够擦掉的，真正的包浆是从壶里往外渗透出来的温润，而且越擦越润，是完全擦拭不掉的柔和的光亮。

紫砂壶误区十七：证书是否保存好是无所谓的事情

只要是有证书的紫砂壶，证书都应该妥善保存。虽然这把壶是你自己使用的壶，也根本没有想要去转卖，也不在乎它是否会升值，可这把壶的将来呢？当这把壶传到孙子辈的时候怎么办？他想卖掉这把壶，可壶的证书没有了。这会影响人们对壶的了解。

紫砂壶误区十八：一定要用等级高的茶叶泡养才能养得漂亮

紫砂壶能否养得好和养得漂亮，与所泡的茶叶等级没有必然联系，只与壶的泥料等级和使用它的时间长短、使用频率有直接关系。

紫砂壶误区十九：紫砂壶底款章正确，一定是真品

一把壶是不是真品，关键看此壶的做工是否符合其风格及其真实的制作水平。

紫砂壶误区二十：老紫砂壶不会作假

工艺品作假在历朝历代就没有断过，因此要时刻加以留意。

紫砂壶误区二十一：作者没有名气，一定是真品

一件产品不一定是在作者出名以后才有人作假的，只要这个人的壶好卖，容易出手，就可能有人仿制。

茶叶在壶中过夜不可取

要勤洗茶壶

紫砂壶误区二十二：有职称的人做的一定比没有职称的好

一般情况下是这样，不过不要将此作为金科玉律。职称是考量一把紫砂壶的标准之一，一把壶的好坏要从泥、型、工、款、功等多方面来看。举个简单的例子，顾景舟的紫砂壶，有的数千万元，有的数百万元，差了十倍以上，所以不能单看作者是谁。

紫砂壶误区二十三：全手工壶一定比半手工好

单从成型方法上来判断紫砂壶的好坏是片面的，全手工壶成型难度特别高，如果作者的水准不够高，同款壶型，全手工做出来的神韵远没有半手工好。

而且有一些壶，半手工永远比纯手工要好，比如花货，不依靠模具根本玩不转。模具也是紫砂壶传统工艺中的一种，艺人们用全手工拍打完身筒后也会放入模具中准形，使壶型更加准确、完美。

比如，顾景舟的很多壶在做的过程中都借助了模具，提璧壶的肩部和底部都使用模具成型。后来一些工艺师模仿顾景舟用模具来制作此款壶，都达不到顾老的神韵，所以用不用模具不能作为紫砂壶好坏的指标。模具用得好，同样能做出好壶。

仿古紫砂壶

石瓢紫砂壶

紫砂壶泡什么茶都好喝

顾景舟仿古壶

紫砂壶误区二十四：紫砂壶颜色只有一种

很多壶友刚开始接触紫砂壶时，都误认为紫砂壶只用一种紫泥，认为只有紫泥颜色的才叫紫砂壶。宜兴紫砂采矿区地质构造奇特，紫砂泥层层分布，也造就了颜色的多彩多样，如红泥、紫泥、本山绿泥、天青泥等都十分著名。

紫砂壶误区二十五：同一款泥料烧出来的颜色一样

同一种泥料，未必来自同一个矿区或者同一个岩层，所以它们内部各种矿物质的量和比例都是不同的。高温烧成之后，各类金属氧化物的量不同，颜色自然不同。

即使是同样的泥料，所含元素完全一致，在不同的窑温下，最后呈现的色泽也是不一样的。哪怕是同样的窑温，在电窑、煤气窑、推板窑、梭式窑等不同窑内气氛下，烧成颜色也不一样。

紫砂壶误区二十六：新买的紫砂壶有异味一定有问题

传统紫砂壶出窑后有土腥味或火焦味是正常的，如今电窑出产的紫砂壶则很少有异味。新入手紫砂壶后，只需要正常开壶就能使用了。此后每泡完茶，及时清理，妥善存放，就不会再出现异味。

梅桩紫砂壶

紫砂壶误区二十七：紫砂壶收藏越老越好

很多人认为越老的壶就越有时间的韵味，也应该更具收藏价值。正是因为这样的误解给一些不法人士打开了作假的大门，最常见的就是一些古玩市场上的做旧壶。壶型千奇百怪，有人用擦皮鞋油的方法使紫砂壶表面看似陈旧，给人以历经年代之感，也有人用强酸腐蚀使壶体看上去陈旧，还有人将白水泥涂在紫砂壶上，然后进行浸泡，以呈现古老的质感。

紫砂壶误区二十八：经过长期泡茶的紫砂壶可以不放茶叶

这是一个没有依据、以偏概全的说法。长时间泡茶的紫砂壶，壶体内确实会有一定的茶香，但是不至于不放茶叶就能泡茶，原理就像用砂锅去焖东西，是不是焖的时间长了，以后不用加入原料就能焖出味道来呢？此比喻虽夸张些，但原理是一样的。

紫砂壶误区二十九：紫砂壶内的茶山能提升价值

紫砂壶内的茶山含有多种不利于健康的物质，不但不会升值，而且会损害人体健康。紫砂壶的茶山面积太大，会严重影响紫砂壶的透气性能，从而影响泡茶效果。因此我们在每次使用紫砂壶之后，都要将壶内壶外清洁干净，保持紫砂壶的清洁，这才是正确的保养紫砂壶的方法。

紫砂壶误区三十：泡绿茶还是玻璃杯好

天下泡茶之利器唯有紫砂壶，用紫砂壶泡出的绿茶味道要比玻璃杯泡出的口感好。有人说喝绿茶要观看茶悬浮在杯中的风景，其实说白了，风景都一样，只有不怎么喝茶的人才会去看风景，真正品茶，品的是茶之韵味，没有茶人会为了风景而放弃最主要的品茶功能。

紫砂壶误区三十一：紫砂壶不会烫手

好的紫砂壶倒满开水，壶身一样会烫手。不过相对于金属器皿等，紫砂壶传热较慢。

六方紫砂茶叶罐

紫砂壶误区三十二：紫砂壶能擦着火柴

火柴在壶身上是不会刮着的。以前的泥料磨得比较粗，火柴安全性也不高，可能擦得着火柴。现在的泥料有粗细之分，一般很难擦着火柴。

紫砂壶误区三十三：好壶可以断水和玩倒立

有些所谓的高手对气密性的判断标准是，按住壶钮，壶立即断水，然后捂住壶嘴，将壶倒置，盖子不落下。其实，断水和玩倒立只对部分壶起作用，绝不能认为任何壶型都能断水和玩倒立。况且，能断水和玩倒立的壶就一定是好壶吗？

洋桶紫砂壶

紫砂壶误区三十四：好壶盖子不能晃荡

很多壶友要求壶盖"左右使力纹丝不动，转动却滑爽"，认为盖子越严实就表示壶的做工越好。事实上，轻微晃荡根本不是质量问题。只有明显晃动，并且影响到壶的气密性才算是质量问题。要知道，生胚做得再完美，经过烧制，也不会还是纹丝不动的效果。

紫砂壶误区三十五：好壶倒茶时不用扶盖子

事实上，仿古壶、掇球壶，无论盖子多么晃荡，倒茶时也很难掉盖子。其他壶型就不一定了。倒茶不用手保护盖子，估计大多数的盖子都会有残缺，以倒茶掉不掉盖子为标准玩壶，实在是有点离谱。

紫砂壶误区三十六：通过敲击听声能辨出壶的好坏

敲击壶体发出的种种声音与泥料的档次无关，也与壶的做工好坏无关。泥料目数越高的壶敲击时声音就越清脆，而泥料目数越低的壶敲击时声音就越沉闷。这是因为泥料目数高的壶，由于泥料颗粒细，胎土比较致密，敲击时声音就比较清脆，比如瓷器就是这种情况；而泥料目数低的壶，因为胎土致密性相对要低很多，也就是说，透气性好，敲击时声音就会显得闷而哑。

泡茶别忘放茶叶

紫砂壶泡茶味道纯正

壶的形状以及大小不同，声音会有所区别。壶的形状不同，则敲击时内部共鸣的路径不同，我们听到的声音就是不一样的；而壶的大小不同，共鸣半径不一样，当然也会有所差异了。

壶的胎体厚度不同，敲击时声音也会略有差异。胎体厚则声音略显沉，胎体薄则会相对清脆些。一些冲浆壶和严重添加化学颜料的高目数的壶，根本无法通过敲击声音辨别。

通过敲击听出壶有暗裂，表明已经裂得很厉害了；如果只有一点点暗裂是听不出来的，即使对于老师傅也是一件相当困难的事情。请不要随意敲击紫砂壶。

紫砂壶误区三十七：泥料好透气性就好

影响透气性的因素很多，透气性好坏与泥料档次关系不大，因为无数事实证明，那些一二十元的"打狗防身专用壶"，透气性也都不错。其实，透气性与泥性的关系比较大，也和练泥方式、明针工夫等因素有关。

牛盖莲子紫砂壶

紫砂柿蒂起花扁壶

紫砂壶误区三十八：好壶不能"流口水"

"流口水"首先与泡茶人的手法有关，其次与造型设计、壶口处的水压和口盖结合的工艺精密程度有关，不能一概而论，千万不要动不动就与质量问题挂钩。

大多数的壶，泡茶久了，壶嘴下半部都会变得光亮，这就是由流口水导致的。流口水问题对一把壶的价值来讲无足轻重，玩壶关注流口水问题，也是毫无意义的瞎折腾。决定出水、流口水的首要因素是壶型，以及壶嘴的形状、长度、开孔、位置等，要想找一把完全不流口水的石瓢，估计找到头发白了也找不到。

紫砂是有灵气的，对待紫砂壶，要有一颗宽容的心，手工毕竟不是机器，无法达到十全十美。这和谈恋爱一样，每个小伙子都想娶到公主，每个女孩子都想嫁给王子，但人无完人，要学着去接受那些不完美，因为这才是真正的手作之美。

紫砂壶误区三十九：好壶三山一定要平

请注意，这与人们常说的"三点一线"不是一个概念，经常有初入门的壶友混淆概念。怎么看三山？也就是说，把壶盖拿掉，然后倒置紫砂壶于平面桌上，看看壶的流、壶口、壶把能否平齐。

事实上，如果三山平齐，某些款式的壶就会不好看，或者出水不爽。有时，当你灌满水，壶还没拿起，水就自然从壶嘴流出来了，这就是由三山平齐导致的。为了避免这种情况，必须有意识地把壶的流安装得高一点。这与壶的好坏没有任何关系。

宜兴窑紫砂端把茶壶

紫砂壶误区四十：玩壶必须借助工具

用放大镜检查有没有划痕或者跳砂，用圆规检查壶口或者盖子是不是绝对圆，用直尺检查三点一线，用计时器检查壶几秒钟出完水，用量杯测量容积，这些其实并非完全必要。手工制作不是机器生产，无法达到十全十美，感觉才是最重要的。

紫砂壶的每一部分都独具匠心，需要艺人精心思量和考究，才能使得整体协调，比例恰当。每一把好紫砂壶的诞生都是不易的！

宜兴窑紫砂御题诗松树山石图壶

宜兴窑紫砂荷莲寿字壶

二 | 谨防化工壶

　　茶慢慢成为生活中不可或缺的存在后，各类泡茶器具便开始层出不穷。紫砂壶兼具外形优美、内涵丰富和独特的使用价值，受到众多茶友喜爱。需求多了，就会出现混乱局面，于是市面上就有了一些用化工色素调配的与紫砂壶相像的化工壶。什么是化工壶？该如何鉴别它？相信这也是许多茶友想攻克的购壶难题。

化工茶壶

　　这里所指的化工壶，是近些年大量兴起的一种壶，在普通泥料或极少量的紫砂泥料中，人为加入工业化工原料，使普通泥料具有紫砂泥料的颜色，且制成的壶与紫砂壶相似度极高。

　　它和在紫砂中调入色剂不是一个概念，通过模具批量化生产，造型过于整齐划一，就如同化妆技术使美女的妆容大同小异，属于人造美。

早期的紫砂壶在制作过程中，为更好地着色，会添加微量调色剂，且只在部分位置或者装饰时使用。因有严格的用量限制，对人体无害。如今有些不良商家在泥料中添加超过安全标准的化工原料，难免会给人的身体带来伤害。那么，该如何鉴别这些琳琅满目的化工壶呢？

1. 看价格

买壶，首先会遇到价格问题。价格与质量很大程度上是成正比的。

一把质量上乘的紫砂壶，需要优质紫砂泥料，耗时上百个小时，花费大量心血，做工技艺纯熟，精工细作后方能成壶。这样的紫砂壶价格通常不会便宜到让人想买五六把。

不提顾景舟、蒋蓉、徐汉棠这些大家的作品，那些质优形美的紫砂壶，按原料、容积、美观度也分不同价位，最普通的也在三百元左右。要是有一百元以内的紫砂壶，就要小心它是不是真的紫砂壶。

化工壶的普通原料、模具工艺造成它的价格普遍不高，远低于紫砂壶，所以价格是鉴别化工壶的依据之一。

化工壶灌浆

2. 辨色泽

刚制成的紫砂壶色泽大多柔和不抢眼，虽以朱泥原料制成的紫砂壶色泽会比较鲜亮，但并非那种刺眼的鲜亮，而是柔和、沉稳的舒适色泽。

化工壶的色泽鲜艳亮丽，属金属氧化物添加过多的迹象，给人一种华而不实之感。若是买到大红、大绿颜色的紫砂壶，就需要注意它是不是化工壶了。

那些颜色过于奇怪的壶应该多多少少都添加过东西，哪怕当年一厂、二厂的泥料。那些看着十分艳丽的泥色，也是有一定调配的。但是有调配，和是否添加量超标，是否有毒是不同的问题。建议尽量避开那些颜色奇特和艳丽的壶。

另外，市场上有一些壶，还没泡养就非常透亮，带有玻璃相。这其中很多都是在泥料里面添加了玻璃水，为了使壶看起来更漂亮，卖相更好。

还有一些做法是待紫砂壶烧成后进行多次抛光，也会有类似的贼光效果，这些壶在后期的泡养过程中，很难养出紫砂壶该有的暗淡之光和温润如玉的效果。

3. 摸表面

紫砂壶握在手中，有明显的褶皱感，用手摩挲整个壶，能够清晰感受到泥料颗粒的凸起，有细而不腻的豆沙质感。那些灌浆壶或者过分抛光，或者加了玻璃水，握在手中，无明显褶皱感，手感偏光滑细腻。

陈鸣远制紫砂壶

宜兴窑紫砂泥绘人物纹诗句茶壶

梨形粉彩紫砂壶   四方粉彩紫砂壶

4. 闻气味

能令人产生愉悦感的气味定然是好的气味。

第一个方法是将沸水淋于壶上，然后闻壶身被沸水洗涤后散发出的气味。若是紫砂壶，散发出的气味是带有泥土的土腥味；若是化工壶，散发出的气味是特殊香味并且刺鼻。

第二个方法是将沸水注入壶内，静置 15 秒后，倒干壶内的水，闻此时壶内所散发出的气味。紫砂壶的气味为纯正陶土味；化工壶的气味较混杂，同时带有刺鼻感。

第三个方法是泡茶，泡茶最能检验出是紫砂壶还是化工壶。用壶冲泡茶，将最后一泡茶汤留于壶内，放置五天左右后打开。若是紫砂壶，此时壶内的茶渣与茶汤均未出现馊味；若是化工壶，此时壶中的茶渣与茶汤馊味浓烈。

不过，这里也需要注意，新买的壶很可能会有塑料、橡胶、颜料的味道。因为壶长期放在不通风的仓库里，和一些包装材料裹在一起，会沾上其他物品的味道，也可能是紫砂壶刻绘上色时所用颜料的味道。

遇到有味道的情况，不要着急下结论，先开壶，泡几次茶，再闻闻有没有味道。一般情况下味道都会消散，如果还有味道，那可能是真的有问题了。

通过闻气味辨别紫砂壶

5. 观察吸水性

用红泥、段泥、朱泥、紫泥等不同泥料制成的紫砂壶，火候掌握恰到好处。将沸水淋于壶上，除了朱泥和部分段泥，其他泥料的紫砂壶会将部分水逐渐吸收，即为紫砂壶的吸水特性；将沸水淋于化工壶上，水会快速流过，很多化工壶不会产生吸水现象。

6. 感觉重量

真正的紫砂壶，因密度大，将其拿在手中会有一定的重量感，俗称厚实感。化工壶密度小，拿在手中较轻，感觉不到厚实感，倒会有一种轻飘感。

7. 看变化

好的泥料做成的壶，被茶水泡养几天就能感觉出变化，泡养的时间长了，茶壶就会有温润如玉的效果；而用不好的泥料，或者添加过多化工元素的泥料做成的壶，被茶水泡一年也不会有好的效果。

紫砂壶在使用过程中还会出现包浆。包浆指的是紫砂壶表面经长年累月自然形成的一层特殊光泽。年代越久的紫砂壶包浆越厚，是历经岁月打磨后自然形成的。就像普洱茶一样，在时光中自我转化，时间越久厚度和香气便越沉稳。

举一个最简单的例子，农民的锄头经过长期使用后，柄处会现出一层柔和的亮光，这就是包浆。

真正的紫砂壶经过常年泡茶和茶人把玩，会出现包浆的现象；而化工壶无论怎么把玩都不会出现包浆，有的甚至还会出现颜色变淡的情况。

泥料、工艺、创作者决定着紫砂壶的价值。名家作品的价格远远高于普通工艺师作品的价格，其中体现的是一种人文情怀。同时，紫砂壶独特的功用价值也在泡茶时体现得淋漓尽致。

紫砂壶的人文情怀和功用价值都是化工壶不可比拟的，但有的化工壶也符合安全使用标准，可用于生活中，只是不具备独特的人文情怀和良好的功用价值。

紫砂彩蝶壶

如意纹盖三足紫砂壶

三 | 挑选购买

　　紫砂壶既是一种功能性的实用品，又是可以把玩、欣赏的艺术品。一把好的紫砂壶应兼具实用性、工艺性和艺术性。壶艺爱好者在选购紫砂壶时，不妨就以下几点加以斟酌。

明代鼎足盖紫砂壶

宜兴窑珐琅彩紫砂壶

1. 看泥料

由于紫砂壶不依赖任何釉色，只以砂色本来面目示人，全靠素面素心沟通茶人，因此肌理纹路就成了首选的外观标准。紫砂壶得名于世，固然与它的制作分不开，但根本原因在于制作原材料紫砂泥的优越。

不论它是哪种泥色，都应具有纯净温润的感觉，看上去要色泽鲜洁。泥质有高低之分，包括泥料的产地、颜色与质量；烧炼的火候，"过火则老，老不美观；欠火则稚，稚沙土气"。

近代许多陶瓷专家著书分析紫砂原材料时，都认为其关键是含有氧化铁的成分，其实含有氧化铁的泥，全国各地不知有多少，但别处就产生不了紫砂。这说明问题的关键不在于含有氧化铁，而在于紫砂的"砂"。

根据现代科学分析，紫砂泥的分子结构确实有与其他泥不同的地方；就是同样的紫砂泥，结构也不尽相同，有着细微的差别。由于原材料不同，功能效用及带给人的官能感受也就不尽相同。

功能效用好的则质优，不然则质差；官能感受好的则质优，反之则质差。所以评价一把紫砂壶的优劣，首先是泥的优劣。泥色的变化，只给人带来视觉观感的不同，与功用、手感无关。

紫砂壶是实用功能很强的艺术品，需要手感舒服，达到让人心理愉悦的目的，所以紫砂质表的感觉比泥色更重要。一方好壶，有的细腻得如同新生的婴儿，抚之顿生怜爱之情；有的则生熟料混用，粗糙稚拙间可见匠心独具。

明代六方紫砂壶

2. 观外形

紫砂壶之形，是存世各类器皿中最丰富的，素有"方非一式，圆不一相"之赞誉。如何评价这些造型，仁者见仁，智者见智，因为艺术的社会功能是满足人们各种各样的心理需要；大度的爱大度，清秀的爱清秀，古拙的爱古拙，喜玩的爱趣味，人各有爱，不能强求。

不过，从文化品位的角度出发，可以说古拙最佳，大度次之，清秀再次之，趣味又次之。道理何在？因为紫砂壶属于茶文化的组成部分，它追求的意境，应是茶道所追求的"淡泊和平，超世脱俗"，而古拙与这种气氛最为融洽，所以古拙为最佳。许多制壶艺人都明白这个道理，就去模仿古拙，结果东施效颦，反而把自己的可爱之处丢掉了。

历史上许多传统造型的紫砂壶，如石铫、井栏、僧帽、掇球、茄段、孤菱、梅桩、仿古等，乃是经过年代的冲刷，遗留下的仅存的优秀作品。拿今天的眼光看，仍然在闪烁发光，但也是一人一个样，各不相同。比如石瓢壶，据不完全统计，就有一百多种，原因就是古今艺人都把自己的审美情趣融进了作品之中。

紫砂集玉壶

紫砂天际壶

3. 察工艺

再好的泥也价值有限，紫砂壶的附加值主要是看制作工艺。中国艺术有很多相通的地方，如京剧的舞蹈动作与国画的大写意属于豪放之列，京剧唱段与国画工笔则属于严谨之列；而紫砂壶成型技法，乃与京剧唱段、国画工笔技法有着异曲同工之妙，也是十分严谨的。

点、线、面是构成紫砂壶形体的基本元素，在紫砂壶成型过程中，犹如工笔画一样，起笔落笔、转弯曲折、抑扬顿挫，都必须交代清楚。

面须光则光，须毛则毛；线须直则直，须曲则曲；点须方则方，须圆则圆；不能有半点含糊，否则就不能算是一把好壶。

按照紫砂壶成型工艺的特殊要求，壶嘴与壶把要绝对在一条直线上，并且分量要均衡；壶口与壶盖结合要严紧。壶体的每个部分都应独立鲜明，线条缓冲流畅，明暗转折中主次分明，虚实对比中凸现立体感。

壶身上看到的所有线条，包括轮廓线和壶面交界处的线条，要有弹性，如树杈、竹枝一般，能立得住，彰显蓬勃的生命力。身筒要有膨胀感，有气感，有空间的张力。

壶体造型要协调，遵循章法，符合壶理和自然规律，刚柔并济，方圆并现，曲直相合。一把壶拿在手里，要看出对比和变化，而非一成不变。

清朝古钉紫砂水盂

宜兴窑邓奎制金涂塔形紫砂壶

壶里面看不见的地方更要做好，无一处不认真。壶的气孔不是一个简单的眼，而是艺术作品的一个元素，一看就觉得漂亮，而不只作为透气用。就紫砂壶创作而言，通常有七病，可作赏析紫砂壶参考之用，收藏时也当忌此类作品：

一、臃肿。造型应讲求多一分则胖，少一分则瘦。

二、繁赘。在壶身上做繁复的雕、塑、刻，不够简洁。

三、懈怠。线条处理拖沓，壶嘴胥出乏力，壶把收放拘谨，身筒缺少气势。

四、纤巧。大气洒脱的作品，在改成小容量时未必能小中见大，可能会显得过于纤细。

五、驳谬。将没有关联的题材组合在一起，缺乏内在的层次感。

六、媚俗。纯粹迎合市场需求，而不考虑壶型自身的特点。

七、失位。流、把的位置或高或低，整体造型不均衡。

太平有象紫砂壶

紫砂鱼蝶壶

4.看款识

鉴赏紫砂壶款识有两层意思：一是鉴别壶的作者是谁，或题诗镌铭的作者是谁；一是欣赏题词的内容，如镌刻的书画、印款。

紫砂壶的装饰艺术是中国传统艺术的一部分，具有"诗、书、画、印"四为一体的显著特点。一把紫砂壶可看的地方除泥色、造型、制作以外，还有文学、书法、绘画、金石诸多方面，能给赏壶人带来更多美的享受。

清代紫砂陶壶

据现存实物和史料记载，著名书画家董其昌、郑板桥、吴昌硕、任伯年等人都曾在紫砂壶上题诗刻字，名声最大的有陈曼生、朱坚等。他们尝试把传统书法、绘画移植刻绘在紫砂壶上，使紫砂壶成为集文学、历史、金石、雕刻等诸多元素于一体的陶器工艺品。因而受到历代各阶层，尤其是文人雅士和收藏家的喜爱。特别是名家刻壶，更是备受推崇，历来有"壶随字贵，字随壶传"的说法。

紫砂壶底部顾景舟钤印

如何区分紫砂刻绘艺术的优劣？一要从整体入手，先看器形和刻绘内容、刻绘形式是否和谐统一；二要看刻绘的格调、情趣、韵味是否高雅；三要看是否具备传统书法、绘画的艺术特质和内涵精神；四要看刀法的质感和表现形式是否协调统一。

宜兴窑珐琅彩紫砂仰钟式盖碗

5. 试功能

紫砂壶与其他艺术品最大的区别，在于它的实用性很强，它的"艺"全在"用"中"品"，如果失去"用"的意义，"艺"亦不复存在。

紫砂壶的容量是否适合，壶把是否便于端拿，壶嘴出水是否顺畅，这些都指向了紫砂壶的实用功能。满足了这些条件，才能让品茗者得心应手。

近些年，紫砂壶新品层出不穷，令人目不暇接。制壶人讲究造型美而忽视功能美的现象随处可见。尤其是有些制壶人自己不饮茶，对饮茶习惯知之甚少，这也直接影响到紫砂壶功能的发挥，有的壶甚至会出现中看不中用的情况。所以，千万不能忽视紫砂壶的功能性。

6. 感神韵

神韵，即壶的神态情趣。壶之魅力，不仅表现在外观上的造型之趣，更得益于空间起伏中的思索之美。紫砂壶一旦有了神韵，也就意味着它具有了生命。

宜兴紫砂茶壶

一方上好的茶壶总是气韵生动的，它不仅是一件生活用品、一件装饰品，更应是一件艺术品。藏家藏壶多为怡情养性、陶冶情操，从而在使用中获得一种美的享受。而名家制壶或朴素、或率真，也多能把自己的内心表现在壶上；壶为心声，其本身就是一种情感的抒发。品名壶是一种超越时空的对话，一种意识形态的交流，进而从壶中感受一种强烈的艺术感染力。

这里又要区分理和趣两方面。若壶艺爱好者偏于理，斤斤计较于容积的宜大宜小、嘴的宜曲宜直、盖的宜昂宜平、身段的或高或矮，那就是只知理而无趣。对艺术的欣赏应该在理亦在趣。当然，作为一件实用工艺美术品，它的适用性也非常重要的，使用上的舒服感可以愉悦身心，引起和谐的兴致。

7. 要证书

一般正品紫砂壶都有制作者的手写证书，证书通常为宣纸，毛笔书写，书法俊秀。书法是一个好的工艺师的必修课，紫砂壶的增值有时便体现在书法和绘画的技艺上。同时要加盖印章，印章的落款与紫砂壶底的落款应一致。

四 │ 古壶鉴别

　　紫砂壶是具有收藏价值的"古董"，名家大师的
作品往往一壶难求，正所谓"人间珠宝何足取，宜兴
紫砂最要得"。正因为如此，古壶造假也层出不穷，
广大藏友一定要注意。

1. 学会分辨新旧

　　流传至今的旧紫砂器不多，完美而又古朴雅拙的
紫砂珍品更难得到。真正的旧紫砂器，往往器表有一
层自然的光泽，是由于久经盘玩，慢慢透出来的温润
光泽，被称为"精光内蕴"。新器造旧，绝无此特点，
分辨新与旧时，要谨防新器造旧术的欺骗，切勿只重
器表而忽视了内在的素质。

镀金紫砂壶

紫砂石瓢壶

2. 要注意观察器形

紫砂壶各个时期的特征以这一时期的名家代表作品为主脉。名家制壶都有其拿手的几种，器形都比较典型。想牟利的制伪者必然要做高仿品，而且要仿那些器形比较典型的名家代表作品。

购藏者在观察器形，特别是名家作品时，不能被表面迷惑，要善于观察壶的外形上那些微妙的地方，尤其是在壶体与附件的交接处和过渡处体会制壶者的匠心。

越是名家的代表作品，它所体现的艺术内涵就越深刻。如果一把壶仅仅在形式上像某位名家的作品，而无法使人在深层次上把握其精髓，那么这把壶肯定是不能过真品关的。

了解器形的基本知识，对初入紫砂壶收藏之门的人来说，在鉴别上还是能够起到一定作用的。以紫砂壶通向壶嘴的出水孔为例，民国以前一直是独孔，此后才出现多眼网孔，而向壶内凸起的半球形网孔则是 20 世纪 70 年代从日本传来的。假如遇到一把壶，其印章为陈鸣远，而出水孔呈网眼状，则不必分辨印章真伪，仅凭出水孔形状便可断定此壶之伪。

紫砂器的各个发展阶段，都有其时代的烙印和标志，概要归纳有以下主要特征：明代比较注重器形，紫砂器的造型高雅朴拙，器物较少有装饰，故以素朴为主；清代前期紫砂的造型丰富奇特，注重器物的装饰、加彩、堆雕；清代后期紫砂的造型趋向简化，多取平面，注重雕刻诗词书画，器物的文人化很浓。

宋代紫砂香炉

龟钮紫砂壶

紫砂双耳簋

僧帽紫砂壶

3. 要注意观察质地

紫砂器的质地有粗细之分，粗糙者不受欢迎，细腻油滑者为上品。紫砂壶名家成名后的作品选料比较讲究，材质更为精良。这种精良具体表现为壶的颜色正、颗粒匀、光泽润、胎骨坚、手头沉，精工细雕。还可以从泥料的品种上加以辨别，如天青泥是清代后期出现的，与历代泥料有明显区别，如果出现一把号称清代中期以前的天青泥壶，那肯定有问题。

4. 要注意观察包浆

长期使用过的旧壶，外表会很自然地产生一层光泽，是久经茶汁滋养而慢慢渗透出来的精光内蕴。有包浆的壶，无论其外表是否有茶渍或尘土，只要用干净的布轻轻擦拭，都会出现光泽，而且越擦越亮，行里人称为"包浆亮"。

新壶造旧后，外表多少有些不自然，光泽发贼、发浮、发愣。如果置于放大镜下仔细观察壶身，还能找到打磨的刮痕。这样的壶往往有一种霉馊味，细细嗅辨即可识破。

此外，速成的包浆一刷就掉，而真正的老包浆已与壶身融合为一体，附着性极强，用清洁剂反复清洗也难以擦掉。

彩绘紫砂壶

5. 要注意观察题款与用印

紫砂款识，历来被认为是鉴别真伪的一个重要依据。这是基于两个特点：一是无论印款还是刻款，都很直观，比砂料、做工、造型等容易观察与把握；二是款识的特征相对比较明显，利于分辨。

然而随着现代科技的发展，款识却成为紫砂造假中最方便、最逼真的一个方面。目前电脑仿制印章的技术完全可以乱真，甚至连印底用刀的痕迹都丝毫不差。

利用款识仿冒名家作品的方法有三种：

第一种是新壶旧款，即在新壶上直接刻上名家的款识。这种情况包括名家为了应酬或在市场供不应求时，由学徒或他人代制，盖上自己的印章。再有就是前代名家的印章流传下来，后人继续使用，借以仿制冒真。

第二种是旧壶新款，即用没有款识的旧壶冒刻前代名家的款识。从文字上看，旧壶的款大多用阳文，字体工整。新壶如果用阳文，字体因为模仿或显呆板，或笔画长短粗细不一。如果是用旧壶加刻新款，则所刻文字为阴文。

第三种是新壶新款，此类作伪手法颇多。现代伪造者多是仿制假的印章或镌刻假的款识，如采用照相制版技术，用铜锌版制作印章，也有一些印章和款识是仿制者凭空臆造的。

顾景舟紫砂壶题款三种

在陶都丁山刻印店里，印章样本上历朝历代紫砂名人的印章应有尽有，可按名头大小论价仿刻；而将名家字画移植到紫砂壶上，也非难事。前几年就曾有北京的一家文化机构策划了包含著名书画家郑板桥、金农、赵之谦、吴昌硕、李叔同等铭刻的"紫砂翰墨珍藏"展。又是到北京、南京、武汉等博物馆展览，又是出版精美的画册，还上了电视台鉴宝类节目，结果被紫砂名家与鉴赏家揭露出许多造假的马脚，闹出了大笑话。

对于紫砂器上的款识，包括印款与刻款，在鉴定真伪上必须坚持的原则是"不能定真，可以辨伪"。

可以辨伪，是指如果一件紫砂器的印款或刻款，与已知紫砂艺人的曾用印、书法作品或已有刻款的字体、风格、笔触等不相符，就可以断为赝品。这就需要我们熟悉与掌握历代紫砂名人的用印与刻款特征。

至于刻款，还可以对照题铭者的书法作品或绘画题款加以甄别。对于判定为紫砂艺人的标准器上的刻款，也可以作为比照的对象。对紫砂印款与刻款的对比鉴别，要特别注意细微末节的区别，包括尺寸、大小。"小心驶得万年船"，谨防上当受骗。

蒋蓉紫砂壶题款三种

不能定真，就是说即使一件紫砂器的印款或刻款没有问题，仍然不能据此将其定为真品。因为款识的造假已经成为造假者的法宝之一，而且是相对容易的，必须同时结合对砂料、做工、造型等的鉴别，才能下结论。

在紫砂器的发展过程中，许多陶艺大师的题铭风格亦不相同，鉴别时应明察秋毫。制砂者署名、制名，是在明清之际才出现的；真正流行在紫砂器上镌刻诗词，始于清代后期的陈曼生。

宜兴窑紫砂御题诗松树山石图壶

宜兴窑紫砂描金山水方壶

6. 提防拼凑

真旧明清紫砂保存至今，实属不易，大都不甚完美，或有残损崩裂。由是出现了各种修补拼凑术，如用蜡补缺、粘合后，再涂泥作色的；以陶泥仿制、拼合后，再作旧的；加彩紫砂褪色，以颜料添补的；器物残损，以金属片镶包，以玉等嵌替的。

鉴定时，只要细致查看，就会发现修补拼凑的痕迹，而且"虚位"很多。因为经过修补、拼凑、调色后的紫砂器，其形制、色调、质地与原器皆不可能完全相同，总有差异，并或多或少丧失了原作的风貌和特征。

收藏是一个学习的过程，一个让自己的智慧和学识不断增加的过程。我们收藏的不只是紫砂壶本身，还有凝结在紫砂壶上的智慧，使其对自己的精神提升有所帮助。随着心境的提高，收藏的境界也逐步提高，心与智慧得到成长，从而走上收藏的另一个高度。

制壶者用心做，收藏者用心悟，艺术品是二者之间心灵交流的承接物。只有当收藏者抛去名与利，遵从自己的本心去欣赏一把壶，才能理解制壶者的心境。

最后，还要注意体味气质、神韵。由于独具高超的艺术素养和熟练的专业技巧，以及对泥料性能的深入了解、对窑温的细腻把握，名家作品自有一股不可模仿的神韵。

五 | 开壶方法

紫砂壶的第一次使用，通常叫作开壶。紫砂为何要开壶？主要是为了卫生、健康和养壶。

紫砂壶经高温烧制，发生物理变化，气孔扩张，降温出窑后难免会被一些粉尘堵塞气孔。工艺师在后期对于细节的打磨，也会在壶内留下一些砂料碎屑。

有些茶壶里面还留存着白色的铝粉。铝粉是隔离用的耐火物，入窑烧坯前先撒布于壶盖内沿，可避免壶盖与壶身烧结在一起分不开。同时，经过若干道环节来到买家手中时，其间也会有许多粉尘类杂质粘附于壶壁内外，需要清除。

特别是一些无良业者常会在低档的紫砂壶表面打上一层蜡油，以增加光泽，美化卖相。这层油性异物不但堵塞了壶表面的毛细孔，更形成一层保护膜，不受茶水，如未予去除，则养壶势必徒劳无功。以上这些异物均应予以清除，然后才能泡茗饮用。

另外，泥料在千度以上高温中炼烧时，其特殊属性与内部结构虽未被破坏，然其间却已无甚水分，产生出一种"燥气"，并不可避免地带有泥料的土味。

217

新出窑的壶立即用来泡茶，不管塞多少茶叶，冲出来的茶汤都很淡且含土味。因此，必须让壶先吃足水分，消除"火气"和"土气"，为以后的养壶打下良好基础。

开壶看起来很重要，但并不复杂。开壶之前，要先查看壶盖、壶口是否吻合，气孔是否阻塞，茶嘴出水是否顺畅，壶内、壶底、壶壁是否遗留泥屑等。如发现泥屑留存或阻塞则用木质、竹质物品擦掉，如盖口不平整或不吻合应该用砂纸磨平，或用金刚砂磨吻合。

接着就要开壶了。这里先说一种最简单的方式，也是紫砂大师徐汉棠的建议：新壶到手，洗干净后用开水泡上两次，就可以沏茶了。

再说稍微讲究一点的：新壶买来后，先用水或干净的布洗拭去表面和内部的灰尘，然后放进较浓的茶叶水锅里，或者连同茶叶，小火煮沸，沸腾后就可熄火了。用余热焖壶，等茶水微凉，再点火煮沸。这样三次左右，就可以让新壶的土味散去，也让新壶初次受到滋养。完成这些后，捞出新壶自然晾干，就可以使用了。

值得注意的是，有些流传很广的开壶方法并不靠谱，而且可能产生不良后果。

清洗紫砂壶

清洗紫砂壶

浸泡紫砂壶

219

网络谣传一：将刚买回来的紫砂茶壶，用沸水内外冲洗一次，将表面尘埃除去；然后将茶壶放进没有油渍的煲，加三倍高度的水煮两小时，这样茶壶的泥土味及"火气"都会去掉。

这种做法并不适用于所有的泥料，尤其是泥性偏脆的泥料，比如朱泥、大红袍、龙血砂等。很多人喜欢直接拿开水冲壶底，这是非常错误的，壶底为手工拼接处，泥性脆或者薄胎，经猛然提温产生的冲击力，很容易使壶报废。

网络谣传二：将豆腐放进茶壶内，放一倍水煮一小时，豆腐所含的石膏具有"降火"的功效，而且可以将茶壶残余的物质分解。事实是，正常的紫砂壶窑温过千，从化学和物理的角度讲，没什么残余物质需要分解。

这种豆腐开壶法不仅会导致壶身附上一层白色粉末，而且有的壶身上还会留下一圈白色印记。这是因为紫砂壶开壶所用的水是富含钙镁离子的硬水，所以会附上一层白色物质。

怎么判断使用的水是硬水呢？其实很简单，只要在水中加入肥皂水即可，如果发现水中有沉淀物质，就证明水为硬水。所以紫砂壶开壶时，如果不想出现白色粉末附着壶身的情况，尽量不要用自来水煮，更不要加老豆腐，就算煮也要用纯净水来煮。

网络谣传三：将甘蔗切开后放在煲内，没有甘蔗，可以放些糖，连同壶煮一小时，甘蔗的天然糖分能让茶壶得到前所未有的滋润。

这种做法可有可无，仅供娱乐。不过需要提醒的是，在沸水中壶是会不断跟锅碰撞的。薄胎或花壶的很多部位是很脆弱的，壶很容易"开口笑"。

洗过的紫砂壶

六 ｜ 泡茶方法

　　明代中期以后兴起用紫砂壶泡茶。紫砂壶之所以受到茶人喜爱，一方面是由于紫砂壶造型美观，风格多样，独树一帜；另一方面也由于用紫砂壶泡茶有许多优点。

　　首先，用紫砂壶泡茶比茶盏更宜于保温；其次，用紫砂壶泡茶有利于防止尘埃落入茶汤；其三，紫砂壶的密闭性优于茶盏，可以保持茶香而不使散逸。用紫砂壶泡茶有诸多好处，那么该如何正确使用紫砂壶泡茶呢？

把壶身擦干净

紫砂汤婆壶

第 1 步：擦壶

将阴干的壶取出，用干净且干燥的壶巾擦拭壶身十分钟至二十分钟。

第 2 步：温壶

泡茶讲究茶壶内外和茶杯都得用热水浇烫，这样既可以净壶，也可以去霉，还可以暖壶醒味。

具体步骤：先倒入三分之一壶的凉水，然后将烧开的水缓缓倒入，使壶慢慢地感受温度的上升，这个过程一两分钟即可；再将开水慢慢注入壶的二分之一至三分之二处，一手拿把一手按盖晃动壶中的水三十秒；最后将壶注满开水，静置焖泡五分钟，期间用热水淋壶身一到两次，使壶的气孔充分打开。

第3步：投茶

选定茶叶，用茶勺舀起茶壶量五分之一左右的茶叶，投入茶壶中。茶叶的量要把握好，多了味重，少了没味道。如泡铁观音应以沸水高高冲入，让茶颗粒在水中翻滚，以达到洗茶的作用。如泡普洱则以略低于沸水的温度慢慢沿壶边缘注入热水。

第4步：洗茶

将开水注入茶壶中，然后马上把茶壶中的水倒入公道杯中，以备后面步骤使用。如果出现泡沫，可以用壶盖轻轻刮掉。这道工序的目的是把茶叶外面一层不干净的物质过滤掉，并使茶叶在吸收一定水分后呈舒展状态，有利于冲第一道茶汤时香气与滋味的发挥。

冲茶的时候难免会把茶水溢到壶壁上，遇到这种情况最好用开水把壶冲洗干净。因为此时的茶水有杂质，而且流到壶表的茶汁不均匀，容易出现色花；残存在壶壁上的茶渍更会影响包浆的形成，也会堵塞紫砂的气孔。

洗茶

淋壶

第5步：淋壶

将壶巾垫于壶下，用刚才准备好的洗茶水，将茶汁淋于壶的表面，有条件的可用壶笔顺带刷一刷，使茶汁均匀分布。顺势而下的茶汁被垫在壶下的壶巾吸收，再用热水给壶来个从头到脚的冲淋，用干净的湿壶巾顺势按摩一下壶身。

第6步：泡茶

在冲泡的过程中，先用沸水浇壶身外壁，然后再往壶里冲水，也就是常说的润壶。对于新紫砂壶第一个月的磨合期，应使用较为粗糙的茶巾来擦拭，一个月以后则应使用较为细腻的茶巾来擦拭。擦拭的原则遵循"新壶用粗布，旧壶用细布；干壶用干布，湿壶用湿布"的原则。一至三道茶约泡一分钟，四至六道茶约泡一分半钟，七至八道茶约泡一分钟，便可饮用。

一开时间约泡一分钟，这是茶的营养成分最集中的时刻。在泡茶的这一分钟里，趁壶体的热量，用刚才吸收了茶汁的湿壶巾擦搓壶的表面，可以看到壶表被湿巾一擦迅速挥发。一分钟后就可以品茗了。缓慢倒出茶汤，不要摇和甩，动作要柔和。

从壶中倒出茶水

喝铁观音需要的温度为100℃，泥料对于热茶汤中的香味及茶油进行吸附；茶汤低于80℃后，其吸附并没有戛然而止，只不过更缓慢而已。温度高吸附更快，温度低要求的时间便相应增加，根据温度变化灵活控制茶渍滞留时间，前者更能让壶显出效果。

淋壶或擦拭的重点是紫砂壶盖以及壶嘴、壶把。这些地方是茶汁浸润不到或者浸润较少的部位，长时间不经茶油滋润，就不会形成包浆或者包浆层较浅，所以会和壶体的包浆颜色不一致、不协调，从而影响紫砂壶的整体美感。朱泥、红泥的壶切不可长期浇淋茶汤，壶身吃了茶油之后会变得又亮又艳。

当一开中的壶水进入尾声时，另外准备一块干净、湿润的凉壶巾，在将壶拎起的过程中顺带将壶体擦拭两遍。倒入100℃的水开始第二开，时间也约一分钟。在这一分钟里重复上面的步骤。每次

此时可以喝茶了

倒完茶后都要将壶嘴积留的茶汤擦掉，如果不擦，以后清理起来将非常困难。

擦完壶之后，打开壶盖，要让茶有一个透气缓和的过程，然后再进行冲泡，才能析出更多的茶质。

继续重复泡茶，直到结束为止。特别提醒，绿茶85℃为宜，红茶、普洱茶、乌龙茶、沱茶90℃至100℃为宜。浸泡时间由茶叶、投茶量、水温、壶身容量等因素共同影响，经过多次练习后不难掌握，反复进行这一步就可以细细品茶了。

斟茶时要有正确手势，最好用食指轻轻摁住盖沿。平时喝茶，可以用干净毛巾擦拭，不要将茶汤留在壶面，否则久而久之会堆满茶垢，擦拭以后会有浮光。

品茶

第7步：归位

泡完茶后，一定要将茶叶从壶中清出，再用开水浇烫。取出壶盖，壶底朝天、壶口朝地自然风干，为防止壶口被磨损，可在桌上铺一层吸水性较好的棉布。切勿用清洁剂清洗紫砂壶，因为紫砂会吸入清洁剂的气味从而破坏茶香。

洗净后倒过来晾干

七 | 养壶方法

真正的好壶，仅仅是泥好、工好、款好还不够，还必须要"养"。养壶的目的在于使其更能涵香纳味，并焕发出浑朴的光泽。新壶显现的光泽往往都较为暗沉，然而紫砂天生具有吸水性，倘若使其吮吸壶内的茶水，时间久了，壶色便会光泽古润。如果养壶的方式得当，就能把紫砂壶养出晶莹剔透、珠圆玉润的效果。那么，如何养壶呢？

1. 注入感情

紫砂壶因其材质特征，能表现出一种其他器皿无法企及的长处，即它与使用者能进行情感交换。你对它倾注的情感越多，常加磨砂宝爱，它对你的报答就会越深厚；故对于茶壶不要置之不理，而应当常常运用把玩。

2. 循序渐进

养壶是品茗过程中的雅趣之举，其目的虽在于壶，但真正的主角仍然是人。养壶即养性，壶之为物，虽无情无感，但透过泡养摩娑的过程，茶壶以其器面的日渐温润来回报主人对它的恩泽，未尝不是一种人与器的情感互动。

之所以叫养壶，而不是灌壶、喂壶、浇壶，正在于怡情养性的特质。茶之道旨在怡情养性，养壶的方式也需要符合这种精神，循序渐进，戒骄戒躁，如此养成的壶才温润可亲。

紫砂壶需要养

养壶即养性

不管新壶、旧壶，沏茶后壶体外表温度较高，此时可用湿毛巾或清洁湿布擦拭壶提；水印旋擦旋干，重复几次，壶温稍降后，可用手摩挲，因手掌有油汗，有利壶体光润。如此保持三四月后，新壶大体可发"黯然之光"。

在泡养过程中不要太心急，千万不要用有细金刚砂颗粒的抛光布之类的材料擦拭壶面，这样很容易伤及表面，留下划痕，从而破坏紫砂质感。比较好的方法是用粗硬的棉布擦拭，清洗时用尼龙刷。不要太用力，以免不小心戳坏茶壶。

3. 一壶不泡二茶

紫砂壶因为特殊的胎体结构，能够吸附茶汤中茶的浸出物，促使胎体发生变化，并能散发所泡茶的气味。玻璃、瓷器、不锈钢等材质的壶因其胎质致密而不透气，难以使茶汤长时间保持优良品质。

爱壶善饮人士，经过开壶保养、去除土腥气之后，会用几类茶试壶。根据自己的喜好，决定此壶泡哪种茶，而后一直不变，做到专壶专用。平时泡茶依茶择壶，一壶事一茶，严格区分，才能养出壶的品位。

向壶中放茶叶

4. 保持壶内清洁

紫砂壶因其特有的双气孔结构，以及严密的造型，能够推迟茶汤变馊的时间，对茶汤中氧气的保有时间远远长于其他茶具。为了使茶壶能多吸收茶汁，常有人不清理或迟清理茶渣，认为可积累茶山，加快养壶效果。

其实，长期使用的紫砂壶，茶锈还是要清理的。茶水在久置后会氧化生出褐色的茶锈，其中含有镉、铅、汞等有害物质，附着在茶具内壁上，长期饮用含有茶锈的茶水会影响身体健康。因此，每次饮泡完茶汤后，要及时清理茶渣。壶内的茶锈可定期用棉质纱布用力蹭擦除去，但切记不可使用清洁剂。

清理完茶渣之后，要把壶盖和壶体分开放置于通风干燥处，不可盖住盖子保存，否则易生霉菌；也不要放置在有异味的橱柜等地方。如旧壶长久不用，因保养不当壶内发霉、生有菌斑，可按照开壶之法养护；也可以放在窑中进行二次烧制，但有风险，壶友当谨慎为之。

5. 用棉质细布茶巾擦拭壶体

在泡茶的过程中，用棉质的带有所泡茶汤的湿茶巾对壶体进行擦拭，微量茶汤的滋养，能促使茶壶胎质发生变化。

用茶巾擦拭时，需要谨慎为之，不可过度猛擦。对有些"工"有缺陷的"流涎"造型的壶，要注意及时擦拭清理壶流下部的茶汤，以免因保养不善造成壶整体包浆的缺陷。

对于壶流、壶把转接处，壶盖的内口外沿，壶钮转接处要细心擦拭，这些偏僻位置容易被忽视，长此以往容易积垢，会影响茶壶的整体养护效果。

保持茶具干净

残茶应及时清理

清洗茶壶和茶杯

保持壶体清洁

6.不要接触油脂类物质

紫砂壶一旦沾染到油脂会发出"贼光",易养出带有花斑的壶。壶体内外均不可沾染到油脂。壶体若沾上油污,可用手摩挲擦去,若油污过重,可用细布稍沾洗涤剂微微擦拭。

每次品茗活动都要净手弄茶,一是使茶免受异味污染,二是茶壶能得到良好的保养。在喝茶过程中,可用洁净的手对紫砂壶进行摩挲、把玩。人手分泌的体液对于紫砂陶,甚至对于竹、木、牙、角、玉等材质均有良效,这已被诸多玩家所证实,但暂时无法通过仪器分析检验出来。

一般而论,新壶使用一年,壶体外观色泽会有较大改观,泥色会比原色沉静,壶盖与壶口之间会更密合,通转舒畅。从第二年开始到第五年,茶垢会使壶壁内外色调渐渐一致,壶基本上脱掉燥气,渐显雅光,益茶性明显。五年之后,壶的感官变化趋于缓慢,很难在一二十年间有大的突破。但壶的光泽却更加雅致如玉,有温润之光泽;以案头清供,则越发彰显沉静之美。

7. 让壶有休息的时间

紫砂壶在长期使用过程中，每隔三五日要有干燥休息的时间，这样壶体有吸附茶汁的条件，有助于改善壶胎泥质结构。有的壶长期使用能使胎体泥质变得更好，更适宜发茶，甚至原来渗茶的小缺陷，在茶汁的滋养下也会慢慢消失。

有些段泥壶在使用过程中可能会发生"吐黑"现象，可用用停停，能逐渐减轻此现象。胎质较为疏松的干燥壶体，冲入开水之后，因特有的双气孔结构的胎质，能听到开水滋润壶胎的滋滋声，随开水泡出的茶叶浸出物对改良壶胎很有益处。

8. 依茶择壶

不同茶类的茶性相差很大，因此冲泡各类茶的方法、水温、时间，以及茶具选用、饮用方法等也各有差别。依茶择壶，为一款茶找一把好壶，是需要不断探索和实践的。以壶适茶，以茶养壶，相得益彰，找到壶与茶的最佳配合。

在选用茶壶时，要特别关注壶口的大小、壶身胎体的厚薄、容量的多少、壶身的高矮、壶把舒适与否、壶盖取放方便与否等要素。从茶艺实践来看，造型简洁、壶把掌握便利、壶嘴出水顺畅有力、重量适度、投茶和清理茶渣容易的造型更受茶艺师青睐。

紫砂壶要保持清洁

从茶叶叶片大小及伸展情况看，圆形壶适用于冲泡大部分茶叶。圆形壶壁可任由水在壶里顺流而转，水与茶叶紧密结合，有利于激发茶性。叶片较大，宜选用壶口、壶身大些的壶，便于叶片展发和冲泡结束后清理。

从容量多少来看，可以将茶叶品种、共同饮茶的人数、品茗杯的大小等作为选择紫砂壶的考虑因素。大多数茶友钟情于容量在 100 毫升至 200 毫升的紫砂壶，因为便于试茶、品味，香气不涣散。容量低于 100 毫升的壶，适合泡细碎、嫩度高、叶片小的茶叶。大壶保温性较好，适合多人共同品饮，尤其适合泡普洱茶、红茶。

冲泡绿茶，一般多用 300 毫升左右的壶，器型身矮，开口较大，以使绿茶能够在 85℃ 左右的温度下充分展现其特有的清香和清爽的滋味。冲泡绿茶时不用加盖壶盖，两三分钟后再盖上壶盖倾出茶汤，用品茗杯品饮。

冲泡红茶，选用器型可大可小，但要壶口小、壶身高，因红茶需要高温焖，选用这种器型的壶是为了使茶香更浓郁、滋味更醇厚。

冲泡花茶，可选用与绿茶相同的壶，能够充分展现花香和茶香的复杂滋味。

冲泡普洱茶、陈年乌龙茶，多选用口阔腹扁、胎质疏松的小壶。

从泡茶所呈现的气韵看，古拙的壶适合泡重滋味的发酵度稍高的普洱茶、红茶；清趣的壶适合泡重香味的绿茶。壶盖高似蒙古包穹隆状，且壶唇高而薄的朱泥小壶，适合泡重香气的乌龙茶，揭盖闻香，其聚香功能不亚于闻香杯之功效。

顾景舟制石瓢壶

顾景舟制大集玉壶

仿竹紫砂壶

9. 不能只藏不养

有收藏者不懂养壶的道理，将新买的紫砂壶往陈列柜里一摆，或者往箱子里一放就算完成任务，殊不知，如此藏壶方法是最不可取的。新壶必须用心去养，然后再存放。

10. 不要刻意为之

壶经养护彰显美韵，假若过于急功近利，茶也不喝，一心想得壶之包浆而"玩物丧志"，那就背离了养壶的意义。顺其自然地喝茶、养壶，才是茶人壶友所应践行的茶之道与壶之道。

总之，养壶也是一门学问，而任何学问都需要以科学的态度认真对待。刚刚入门的紫砂壶爱好者，除了应该掌握以上养壶技巧外，还应在养壶过程中避免出现各种失误，这些失误大都是由于对紫砂壶的一知半解造成的。关于紫砂壶保养过程中常见的问题和失误，可参见下表。

错误范例	使用完的紫砂壶还残留着茶水就直接收放起来，湿气氤氲。
正确做法	使用完的紫砂壶必须保持壶内干爽，不要积存湿气。
错误范例	把紫砂壶用保鲜膜或其他东西包裹起来，放在柜子里。
正确做法	平时把紫砂壶存放在空气流通的地方，不宜闷燥；不要因为紫砂壶珍贵，就在用完后包裹或密封起来。
错误范例	直接放在刚吃完饭还未收拾的饭桌上，或者很久没清理过的茶案和柜子中。
正确做法	紫砂壶的保养和存放，不能沾上油污或灰尘。
错误范例	使用完紫砂壶后，把壶盖盖好放起来。
正确做法	使用完紫砂壶后，把壶盖侧放起来，不要让壶盖长期闷住壶口。
错误范例	茶水没喝完就放在紫砂壶里，或者没事就在紫砂壶中盛水。
正确做法	紫砂壶在不用时不要盛水，只有在冲泡茶叶时才冲水。
错误范例	一壶多用，不管什么茶都用同一把壶冲泡。
正确做法	一茶一壶，不同的紫砂壶冲泡不同的茶叶，区分开来，避免混淆。
错误范例	使用完紫砂壶后担心洗不干净，用清洁剂清洗茶壶内外。
正确做法	不能用清洁剂等含有化学物质的清洗用品清洗紫砂壶，以免洗掉茶味。此外，用清洁剂清洗还会使紫砂壶失去表面的光泽。
错误范例	使用完紫砂壶后，用水清洗一遍，拿洗碗巾直接一擦就收起来。
正确做法	每次使用完后，用纱布或厨房用纸吸干壶外面的水分；接着倒出壶内三分之二的茶叶，留下约三分之一，冲进沸水，焗两三次。冲过的水留用，然后清理干净茶叶，将冲过的水浇在茶壶上，最后用布轻轻擦干。